2020辽宁省教育厅科学研究项目（项目编号：J20

财政扶持
对战略性新兴产业
企业绩效影响研究

武咸云　著

中国财经出版传媒集团
经济科学出版社
Economic Science Press

图书在版编目（CIP）数据

财政扶持对战略性新兴产业企业绩效影响研究／武
咸云著．—北京：经济科学出版社，2021.7
ISBN 978 - 7 - 5218 - 2690 - 6

Ⅰ. ①财…　Ⅱ. ①武…　Ⅲ. ①财政补贴 - 影响 - 新兴
产业 - 企业绩效 - 研究 - 中国　Ⅳ. ①F279.244.4

中国版本图书馆 CIP 数据核字（2021）第 135422 号

责任编辑：侯晓霞
责任校对：王肖楠
责任印制：张佳裕

财政扶持对战略性新兴产业企业绩效影响研究

武咸云　著

经济科学出版社出版、发行　新华书店经销
社址：北京市海淀区阜成路甲 28 号　邮编：100142
教材分社电话：010 - 88191345　发行部电话：010 - 88191522
网址：www.esp.com.cn
电子邮件：houxiaoxia@esp.com.cn
天猫网店：经济科学出版社旗舰店
网址：http://jjkxcbs.tmall.com
北京密兴印刷有限公司印装
710×1000　16 开　12.75 印张　200000 字
2021 年 12 月第 1 版　2021 年 12 月第 1 次印刷
ISBN 978 - 7 - 5218 - 2690 - 6　定价：52.00 元
（图书出现印装问题，本社负责调换。电话：010 - 88191510）
（版权所有　侵权必究　打击盗版　举报热线：010 - 88191661
QQ：2242791300　营销中心电话：010 - 88191537
电子邮箱：dbts@esp.com.cn）

前　言

　　培育和发展战略性新兴产业是提升国家竞争力、掌握发展主动权的关键，发展战略性新兴产业是推动产业结构升级、加快经济发展方式转变的重大举措，发展战略性新兴产业是促进我国经济长期可持续发展的必要途径。2018年11月，国家统计局更新了战略性新兴产业的分类，在原有七大领域的基础上，又增加了数字创意产业和相关服务业两个领域。区别于传统产业，战略性新兴产业的核心竞争力是自主创新能力，融资约束以及知识产权保护力度薄弱等使得战略性新兴产业研发遭遇"瓶颈"。政府引导已成为战略性新兴产业企业破解融资约束和知识外溢等发展"瓶颈"的关键。随着财政专项资金不断加大，企业进行自主研发的积极性不断攀升，研发投资强度不断扩大。研发投资是否能够对企业绩效产生预期的积极作用，促进企业的发展呢？财政扶持是否在企业的研发投入与企业绩效之间起到正向的调节作用？这些都是迫切需要研究的问题。探讨这些问题对丰富和完善财政专项资金的建设、企业研发投资与企业绩效的影响研究具有一定的理论意义和实用价值。

　　现有研究较少关注财政扶持下企业研发投资行为决策及企业绩效产出的系统研究，使得分析财政扶持对企业研发投资行为决策缺少理论基础，也缺乏针对战略性新兴产业的企业研发投资行为决策机理，以及差异化外部影响因素下财政扶持与企业研发投资对企业绩效非线性影响的全面探讨。基于此，本书以战略性新兴企业为研究对象，通过固定效应面板模型系统研究企业研发投资对企业绩效的影响、财政扶持对企业研发投资的影响以及财政扶持在企业研发投资与企业绩效之间中介作用的影响。本书同时关注金融发展掣肘企业的长期融资约束以及知识产权保护缺失等现实问题，通过门槛回归模型构建以金融发展程度、知识产权保护力度为代表的外部因素下财政扶持与企业研发投资对企业绩效影响的理论框架，揭示在外部环境因素不断改善情况下对原模型可能带来的结构性突变，解释财政扶持对研发投资价值创造的激励效应或挤出效应，为理解我国财政扶持项目的建立和企业研发投资动力不足的原因提供新的理论思路。

大连工业大学　武咸云

2021 年 3 月

目 录

第1章 绪 论

《中共中央关于制定国民经济和社会发展第十四个五年规划和二〇三五年远景目标的建议》明确指出发展战略性新兴产业，加快壮大新一代信息技术、生物技术、新能源、新材料、高端装备、新能源汽车、绿色环保以及航空航天、海洋装备等产业。战略性新兴产业是以重大技术突破和重大发展需求为基础，对经济社会全局和长远发展具有重大引领带动作用的产业。因此，战略性新兴产业的良性发展对于我国经济民生的高质量发展具有重要的战略地位。基于此，本书拟考察财政扶持对战略性新兴产业企业的影响，从政府管制层面与制度设计层面为我国战略性新兴产业发展建言献策。

1.1 研究背景与问题提出

1.1.1 研究背景

战略性新兴产业除以重大技术突破为基础之外，还聚焦国家重大发展需求，具有知识技术密集、能源物质消耗少、成长空间和发展潜力大、综合效益佳等特点，对经济社会全局和长远发展有重大引领带动作用。战略性新兴产业象征着新一轮技术变革和产业革命的发展方向，是培育壮大高质量发展新动能、率先取得竞争新优势的重要领域。它不仅是带领国家社会经济繁荣的战略突破口，更是实现经济高质量发展的重要引擎，已成为世界主要国家抢占新一轮经济和科技发展制高点的重大战略。自2008年的国际金融危机爆发以来，世界经济结构逐渐发生大变革，随着科技进步和社会发展，下一轮全球性革命蓄势待发。各国一方面积极寻求应对冲击的策略，注重自身经济结构调整和发展方式的转变，以缓解对经济社会造成的不利影响；另一方面努力寻找下一轮世界经济增长点，加大对科技制高点的争夺力度，抢占相关产业价值链上游，以探索能够带领本国经济实现绿色可持续发展的新型驱动力。

随着中国经济逐渐步入"新常态"，我国的经济增长模式正处于向创新驱动发展模式转型的关键阶段。创新对于各国经济发展的重要性日益增强，对于我国经济更是起着决定性作用。因此，过去带动经济增长的传统模式必须改变，培养和发展新一批战略性产业，带动经济增长已被提上日程。早在2010年，《国务院关于加快培育和发展战略性新兴产业的决定》出台，决定将节能环保、新一代信息技术、生物、高端装备制造、新能源、新材料、新能源汽车七大领域作为战略性新兴产业重点培育和发展，并且提出我国战略性新兴产业发展的中长期目标。2015年，我国战略性新兴产业占国内GDP比重达8%左右。随后在2016年，国务院发布《"十三五"国家战略性新兴产业发展规划》，规划表明2020年时，战略性新兴产业增加值占国内生产总值比重达15%，形成5个产值规模10万亿元级的新支柱，平均每年带动新增就业100万人以上。2018年11月，国家统计局更新了战略性新兴产业的分类，在原有七大领域的基础上，又增加了数字创意产业和相关服务业两个领域。目前，中国战略性新兴产业发展的所需条件，如技术能力、资源状况、产业环境等都相对丰富，随着国家对其重视程度的增加，政策也逐渐放宽。我国对于新能源汽车关键组成部分如电池的研发水平与国外基本持平；在一些生物领域如蛋白质工程领域，我国已在国际水平上处于一流；我国动车组的装备系统，无论是动力方面还是材料方面甚至已经领先于国际顶尖产品；我国的新能源产业体系已经相对完善，光伏电池的产量已经位于世界第一；生物农药、生物柴油等已慢慢实现市场化；物联网技术由于能够取得良好成效，已在多个领域实现广泛应用。

高速发展的同时，战略性新兴产业也面临着巨大挑战。"中兴事件"暴露了中国信息技术产业在核心技术、关键零部件上仍缺乏自主创新能力的致命弱点；"华为事件"验证了高端科技的核心技术是无法"买"来的，只有通过自主创新进行研发，才能将话语权掌握在自己手里。以芯片、软件为代表的信息技术领域作为战略性新兴产业很大程度上关乎国家竞争力，也关乎国家经济安全、信息安全，核心技术是国之重器，加速推动信息领域核心技术突破才能在国际贸易摩擦和竞争中避免受制于人。提高自主创新能力是很多企业的当务之急，在企业自主创新方面，充分发挥政府在前沿技术、产业共性技术、其他重大技术发展中的作用，切实推动国内各类技术创新主体之间的协同创新。重视大型企业内部各独立部门间的相互合作和共同创新，增加技术创新中新颖的、前沿科学方法的推广和普及力度，对于提高企业自主创新能力十分重要。值得注意的是，产业政策、财政扶持等政府引导对于研发投入大、见效慢、周期长且充满风险的战略性新兴产业发展无疑至关重要。

战略性新兴产业实现可持续发展，不仅需要企业自身加大研发投入，不断探索提升自主研发能力，还需要充分利用财政专项资金的帮扶以及引导趋势的作用。战略性新兴产业相比其他产业，在带来高成长的同时，也伴随着高投入和高风险。一般认为企业研发投资活动以正外部效应为主，研发成果的扩散可以促进社会生产的提升，累积社会财富。但企业技术创新研发活动具有投入资源多、研发周期长、不确定性高、溢出效应强等特点。因此，产业整体可能会陷入一种困境中，即自主研发所需的高额成本与具有研发成果后进行仿照的低成本相对比，大部分企业会选择后者，这会使整个社会的创新活动处于停滞不前的状态，导致研发活动的"市场失灵"。若某一企业进行创新，其所获得的收益与研发投入不成正比，即企业无法获得全部的技术创新活动收益，将一定程度上抑制企业技术创新的资金投入积极性，最终导致社会的科技水平降低。鉴于技术创新的重要性，全球各个国家已经意识到政府引导对于科技创新的意义，因此，财政专项资金作为激励本国企业增加研发活动投入的方式对于各个国家的发展起着举足轻重的作用。面对具有较大外部效用的技术创新项目，需要通过财政专项资金来降低企业的开发成本、减小投资风险。这将有助于企业对这类项目的投资，促进企业对于研发项目的投入，从而提升企业的创新能力，进而提高整个社会的创新活力。

1.1.2 问题提出

扶持战略性新兴产业是中国经济结构优化、产业结构调整升级的重大战略选择。然而，我国战略性新兴产业仍处于初始发展阶段，仍然存在如企业技术创新能力不强、掌握的关键核心技术少、政策法规体系不健全、支持创新创业的投融资和财税政策机制不完善等许多亟待解决的问题。

战略性新兴产业在公司战略中十分重视企业的自主技术创新能力，这是其与传统产业的本质区别，产业自身的特征和较多的研发投资使其面临巨额的研发投入资金需求和融资困难。这就涉及了融资约束问题，融资约束即企业在融资时面临的限制。法扎里等（Fazzari et al.，1988）较早提出关于融资约束的相关问题。传统观点认为，融资约束程度增加，使得企业偏离最优投资决策，从而降低公司价值，限制了企业发展。融资方式有内部融资与外部融资两种，其中，内部融资具有自主性，资金来源于自有资金，不会稀释原有股东的每股收益和控制权，如企业变卖融资与利用企业应收账款融资等。外部融资需要较高成本，如财政专项基金扶持、银行贷款、股权融资等。对于战略性新兴产业企业，其所需要的研发资金巨大，内部融资难以达到要求，过度外部融资则会增加企业风险，因此存在融资约束问题。只有妥善解决好融资困难与融资效率之间的问题，才可以确保战略性新兴产业长期可持续发展。

政府作为巨大的后盾，是战略性新兴产业企业破解融资约束的关键。创新经济理论表明，研究开发是促进创新、增加公司价值的重要途径。战略性新兴产业的核心特征在于科技创新，需要企业大量的研发投资。但是，由于研发活动的高投入及高风险性、外溢性等特点，使一些资金短缺、风险承受能力较弱的企业缺乏动力进行研发活动，需要财政扶持。财政扶持相比于股权或债权融资，企业对财政资金使用的自由度更高，财政资金不仅可以直接增加企业内部用于研发投入的资金，暂时解决企业融资困难；还可以通过其间接作用，引领社会大众趋势，直接或间接加快企业发展。

财政扶持对于企业研发投资和企业绩效是否起到促进作用至关重要。战略性新兴产业是新兴科技与新兴产业的深度融合，企业需要凭借持续的研发活动维持长久发展动力与核心竞争力，提高其经济效益，实现企业绩效的提升。随着战略性新兴产业在中国经济中的地位日益突出，财政扶持力度不断加大。财政扶持作为公司声誉信号传递的重要途径，表达了政府对受财政扶持企业现行决策和长期发展持积极态度，有效肯定了决策者的决策，有助于企业持续向前发展，进一步提高或稳定公司的股价。《国务院关于加快培育和发展战略性新兴产业的决定》颁布以来，用于促进战略性新兴产业发展的专项资金已增加到 2017 年底的 150 多亿元。根据 Wind 数据库的统计，在全部 700 余家战略性新兴企业中，获得财政扶持的企业占比高达 99%。但是，财政资金支持额度是否越多越好？财政扶持是否有效激励了企业的创新？随着财政资金支持力度不断加大，企业进行研发的积极性不断攀升，研发支出占企业支出的比重不断扩大，研发投入是否对企业经营业绩及未来估值产生积极作用，进而促进公司持续健康长远发展？财政扶持对于企业研发投资和企业绩效是否起到了促进作用？这些都是迫切需要探讨的问题。这些问题对丰富和完善财政扶持、企业研发投资与企业绩效的影响机制具有重要的理论意义和实用价值。

1.2　研究意义与研究目标

1.2.1　研究意义

发展战略性新兴产业是中国在后危机时代实现经济转型，在新一轮的科技革命和产业变革中达到创新制高点的重要举措和关键步骤。战略性新兴产业大多是新兴科技与新兴产业的深度融合，其技术上的先导性、复杂性、风险性、外溢性以及市场需求的不确定性使企业研发投入的积极性不高，需要政府激励和引导。

1.2.1.1　理论意义

一是丰富了财政扶持影响战略性新兴产业企业研发投资行为以及企业绩

效之间的关系理论。探索财政扶持与企业研发投资行为决策之间的动态过程，明确财政扶持影响企业研发投资决策行为的内在机理，为进一步探讨财政扶持对企业研发投资行为及绩效影响建模提供理论基础。

二是完善了涵盖外部环境因素下的财政扶持与企业研发投资对企业绩效影响的理论框架。本书抓住发展中大国区域发展非均衡的现实特征，关注金融发展掣肘的企业长期融资约束以及知识产权保护缺失等现实问题，将外部环境因素纳入财政扶持下的企业研发投资价值创造模型中，在构建以金融发展程度、知识产权保护力度为代表的外部因素下，财政扶持与企业研发投资对企业绩效影响的理论框架，揭示外部环境因素不断改善情况下对模型可能带来的结构性突变，解释财政扶持对企业研发投资价值创造的正面影响与负面影响。旨在为探究我国高新技术企业针对研发投资动力不足的原因与财政扶持之间的关系提供新的理论思路。

三是延伸了企业研发投资绩效的概念，搭建财政扶持与企业绩效的理论框架。由于战略性新兴技术产业的高风险和不确定性，增加了投资者以及管理者进行研究开发投资的担忧。无论是在研究阶段形成初步完整的计划，还是在开发阶段将产品推向市场，都需要较大的人力、物力以及漫长的时间。企业进行研究开发活动，其目的是使企业可以更平稳、更长久地发展下去，故投资收益具有滞后性。本书以公司技术创新融资方式与最终产品市场化的滞后性特征为起点，为财政扶持、企业研发投资与企业绩效之间的相互作用相关理论提供新看法。

1.2.1.2 实践意义

依据当前国内的经济形势，我国政府制定并实施了供给侧结构性改革的相关政策。供给侧结构性改革政策实施的重点是结合我国"去产能、调结构"的经济发展总方针，最终实现由创新要素驱动发展的国家级总战略。由此可见，推动创新型经济的迅速发展是我国进行经济结构调整和变革过程中举足轻重的内容，因而广泛和深入地进行与战略性新兴产业发展相关的政策研究也就具有非常突出的现实意义。在战略性新兴产业这一定义提出并发展的 10 年里，九大战略性新兴产业也有了各不相同的发展成绩。在当前国内进行经济结构转型和升级的大政策环境下，要想更好实现转变经济增长方式这一目标，关键是要推进战略性新兴产业可持续发展。其中，首先要做的是不断进行研究探索，了解并把握好影响战略性新兴产业发展的核心要素和各个重要节点，并在这个过程中，研究并建立支持战略性新兴产业发展的相关政策机制，最大限度地释放良性政策，使良性政策能最大限度地发挥其促进战略性新兴产业发展的作用。推动战略性新兴产业的发展，不仅可以使我国实现经济结构的转型升级这一重大经济战略目标，还可以在国际竞争中掌握更多的主动权。

本书从企业研发投资活动行为的角度出发，研究财政扶持对于战略性新兴产业可持续发展起到的干预和引导作用，挖掘得出外部环境条件不完善的前提下，财政扶持对企业研发投资及企业绩效可能产生的非线性影响。同时，试图将改善外部环境作为缓解财政扶持对企业研发投资产生"挤出效应"的有效途径，为切实加大企业研发投资力度、深化及提高自主创新能力，正确发挥财政扶持的引导作用，实现战略性新兴产业可持续发展提供解决方案。

1.2.2　研究目标

"十三五"以来，我国科技实力和创新能力大幅提升，实现了历史性、整体性、格局性变化，全社会研发投入从 2015 年的 1.42 万亿元增长到 2020 年预计 2.4 万亿元左右，科技进步贡献率超过 60%，已成为全社会研发投入的引领者。战略性新兴产业承担着中国产业升级及建设创新型国家的重任，是新兴科技与新兴产业的深度融合，企业需要凭借持续的研发活动维持长久发展动力与核心竞争力，以增加企业效益，提升企业社会价值，不断为我国社会作贡献。目前，战略性新兴产业在我国经济中的地位日益突出，政府针对研发投入的专项资金力度不断加大，企业进行研发的积极性不断攀升，研发支出占企业支出的比重不断扩大。本书以战略性新兴产业为研究对象，探讨我国财政扶持对战略性新兴产业研发行为的作用，以及财政扶持与企业研发投资行为对企业绩效的影响，进而分析在金融发展程度不同和知识产权保护力度不同的条件下财政扶持、企业研发投资与企业绩效之间的关系及相互作用。

第一，目前我国战略性新兴产业正处于初级发展阶段，为解决融资困难和大量资金需求，政府设立了发展战略性新兴产业专项基金。但是，有关财政扶持政策能否收到预期效果等问题也逐渐凸显出来。本书通过多渠道数据挖掘，探讨财政扶持、研发投资和企业绩效对战略性新兴产业的影响，为各区域政府大规模开展或今后将进一步发展的战略性新兴产业的专项基金规划和运作提供指导。

第二，研发活动是新兴产业成败的关键，是企业创新能力的基础。2017年，中国全社会研发投入 1.75 万亿元，总量居世界第二位。其中，企业研发投资占全社会研发投资的 78% 以上。作为国家研发投资的主体，研发投资的力度和研发投资的效率对国家的发展和增长起着非常重要的作用。本书从战略性新兴产业的特点和时代背景出发，探讨自主创新的各个组成部分对我国战略性新兴产业产出绩效的影响，对提高战略性新兴产业自主研发的效率和绩效，具有一定的参考意义。

1.3　研究思路与研究内容

1.3.1　研究思路

确定研究主题和目标后，按各部分的不同目的，本书设计了以下三个层次：

第一个层次是研究基础。首先，立足于中国经济进入"新常态"和经济增长模式转型的社会背景，分析战略性新兴产业对于促进我国经济长期可持续发展的必要性。战略性新兴产业的核心竞争力是自主创新能力，融资约束使得战略性新兴产业研发遇到阻碍，进而分析得出财政扶持对战略性新兴产业企业研发投资行为的影响，以及研发投资对企业绩效的影响。其次，界定了本书所涉及的战略性新兴产业、财政扶持、研发投资和企业绩效等基本概念，为本书的理论分析和实证检验奠定坚实的研究基础。

第二个层次是理论研究。在构建本书研究基础之后，对财政扶持、企业投资和企业绩效等相关文献进行研究。然后，重点分析了企业研发投资行为的决策、研发投资对企业绩效的影响、财政扶持对企业研发投资行为决策的影响，以及财政扶持和企业研发投资对公司业绩的影响等方面的相关理论基础、文献审查、上下文梳理、审查现有研究的进展、明确的研究观点和现有的研究不足，以求在现有的研究问题上找到立足点和突破点。

第三个层次是实证研究。首先，以战略性新兴产业的研发投资分布为基础，提出了研发投资影响企业绩效的理论和研究设想。其次，通过博弈理论刻画财政扶持影响企业投资行为的过程，分析在发展战略性新兴产业过程中，财政扶持对企业的研发投资行为的影响。再其次，对财政扶持与企业研发投资影响企业绩效的机理进行深入研究，以我国战略性新兴产业数据为研究对象，尝试将财政扶持纳入传统企业研发投资绩效产出模型中，揭示财政扶持、研发投资对当期和未来企业绩效的影响机理。最后，关注企业长期融资约束以及知识产权保护缺失等现实问题，建立以金融发展程度、知识产权保护力度为代表的外部因素对财政扶持下的企业研发投资价值创造影响的理论框架。

1.3.2 研究内容

本书根据研究思路，设计了八章内容，具体研究框架如图 1 – 1 所示。

第 1 章绪论。本章以阐述本书的研究背景与问题提出、研究意义与研究目标、研究思路与研究内容、研究方法与技术路线以及可能的主要创新之处为主。

第 2 章理论基础与相关文献综述。本章根据研究主题和研究目标的需要，将围绕企业研发投资行为决策、企业研发投资对企业绩效的影响、财政扶持对企业研发投资行为决策的影响，以及财政扶持与企业研发投资对企业绩效的影响 4 个方面展开文献回顾与脉络梳理，将现有研究中存在的问题和不足提取出来，进而使本书的突破口更加明确，并确定本书研究视角的理论价值和实践意义。

第 3 章概念界定与制度背景。本章立足前述研究基础，对战略性新兴产业的概念界定与制度背景、财政扶持的概念界定与制度背景、研发投资的概念界定与制度背景、企业绩效的概念界定与制度背景进行系统性论述，为后续章节的数据建模与实证分析奠定基础。

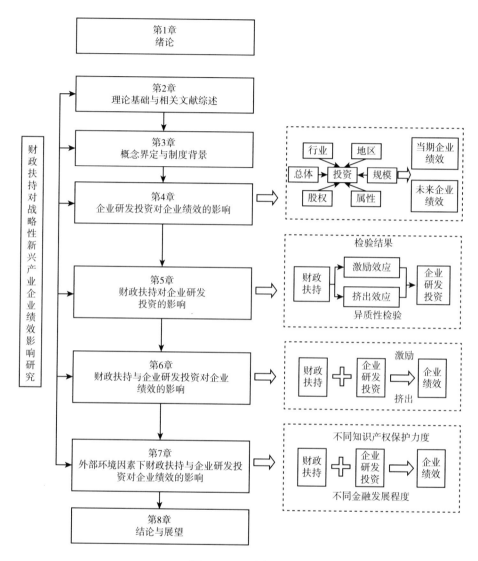

图 1 – 1 研究框架

第 4 章企业研发投资对企业绩效的影响。本章依据我国战略性新兴产业发展现状与战略性新兴产业企业研发投资特征，从多视角对我国战略性新兴产业研发投资现状进行系统的梳理；在此基础上，以战略性新兴产业的企业为研究对象，以企业研发投资对企业绩效的影响为目标进行理论分析、研究设计和实证分析。

第5章财政扶持对企业研发投资的影响。本章将财政扶持对企业研发投资决策的影响作为研究对象，构建包含政府干预和企业行为选择的动态博弈模型，通过博弈理论刻画财政扶持影响企业投资行为的过程，分析在发展战略性新兴产业过程中，财政扶持如何影响企业研发投资行为决策。对财政扶持影响企业研发投资行为选择的基本原理以及影响因素进行梳理。在提出研究假设的同时对实证进行有效分析，实证检验影响财政扶持研发激励效应（挤出效应）的因素，以期将有力的理论基础和实践论证提供给财政扶持影响企业研发投资行为的建模。

第6章财政扶持与企业研发投资对企业绩效的影响。本章深入研究在财政扶持下的企业研发投资对企业绩效产生的影响，以我国战略性新兴产业数据作为研究对象，尝试在传统企业研发投资影响企业绩效的理论模型中纳入财政扶持变量，将财政扶持和研发投资对企业绩效的影响机理揭示出来并加以运用。

第7章外部环境因素下财政扶持与企业研发投资对企业绩效的影响。在前期研究内容的基础上，本章把握中国融资约束与研发投资特征，关注企业长期融资约束以及知识产权保护缺失等现实问题，建立财政扶持与企业研发投资对企业绩效影响的理论框架，并以金融发展程度、知识产权保护力度为其代表的外部因素作用，尝试剖析在不同的外部因素下，财政扶持对企业研发投资的绩效创造激励效应（挤出效应）的不同影响，以表明外部影响因素作用对财政扶持、企业研发投资和企业绩效三者关系的内在机理。

第8章结论与展望。本章以总结本书研究结论为主，并简明扼要地提出本书研究的缺陷以及未来可能进行突破的研究方向。

1.4 研究方法与技术路线

1.4.1 研究方法

本书在借鉴前人研究结果的基础上，以外部性理论、信息不对称理论、技术创新理论、动态博弈理论以及实证会计学等学科的理论和方法作为指导,具体运用统计调查法、文献归纳法、总结归纳法及计量模型实证分析等方法进行研究。

(1) 统计调查法。本书探究部分战略性新兴产业,定性分析中国战略性新兴产业的工业产值、增长率、主营业务收入及各区域所占全国比重等方面。

(2) 文献归纳法。本书通过对相关书籍、报告、报刊、网络信息资源及政府文件的大量阅读,系统全面地对战略性新兴产业的相关发展资料进行收集,并对其进行整合分析,总结出战略性新兴产业的特点、内涵以及运行情况。

(3) 总结归纳法。全面了解国内外在新兴产业方面的理论研究后,本书归纳出战略性新兴产业发展目前所取得的成果以及存在的问题。同时,结合实际的发展情况,对本书的主要结论部分进行总结。

(4) 计量模型实证分析。本书运用产业理论中技术创新的相关模型,构建了多种计量模型以回归战略性新兴产业,实证研究了有效创新产出的问题,对影响产业绩效的各种因素进行分析。

1.4.2 技术路线

根据已设计的研究内容,本书按照研究基础、理论演绎和实证检验三个方面进行研究与分析。

第一,首先,在分析我国战略性新兴产业融资难的背景下,提出本书研究的核心问题。其次,进一步将本书的研究意义与目标、研究内容与方法以及技术路线进行阐述。最后,界定相关的理论概念,对研究思路进一步梳理,引出本书的特色和研究视角。

第二,围绕本书研究主题和研究目标进行文献回顾、概念界定与制度背景分析,将现有研究中存在的缺陷和不足之处提取出来,进而使本书的突破口逐渐明确,从而使本书研究视角的理论价值和实践意义更加完善。

第三,通过构建多种计量经济模型来对财政扶持、企业绩效与企业研发投入之间的相互作用机制进行研究。

本书的技术路线如图 1-2 所示。

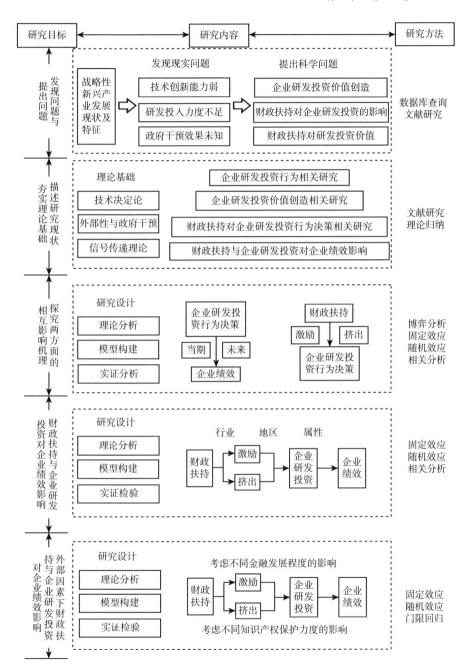

图1-2 技术路线

1.5 主 要 创 新

发展战略性新兴技术产业的企业，无论是来自核心竞争力提升的内部需求，还是宏观经济复苏、新技术增长点以及市场需求转型等外部推动，企业研发投资正日益成为提升企业绩效和驱动经济可持续发展的决定性因素。战略性新兴产业大多是新兴产业与新兴科技的高度融合，企业研发投入积极性较低的主要因素在于其技术上的复杂性、先导性、外溢性、风险性以及市场需求中存在的不确定性等。因此，需要政府相应的引导与激励。为将财政扶持对发展战略性新兴产业的企业研发投资绩效产出的影响及其行为研究逐步丰富和完善，本书的可能创新之处主要体现在以下三个方面：

第一，本书尝试构建一个考虑滞后性特征的财政扶持、企业研发投资与企业绩效之间影响的理论分析框架，解决战略性新兴产业研发投资周期长、无法短期内获取经济效益的问题。

现有研究缺乏对战略性新兴产业研发投资回报滞后特征的考虑，大多关注财政扶持对当期研发投资及其绩效产出的影响，较少考虑企业研发投资价值创造的滞后性特征。研发投资具有高风险、不确定性大、收益周期长的特征，无论是企业开展研发活动，还是将研发成果应用于新产品并市场化，都需要一段较长时间，无法立即为企业带来显著的经济效益。研发投资是为了提高企业长期的市场效益，因而投资回报具有明显的滞后性特征。本书充分考虑了企业研发投资决策以及成果转化过程的滞后性特征，将其纳入财政扶持下的企业研发投资及企业绩效模型，构建财政扶持下的企业研发投资影响企业绩效的理论模型，揭示财政扶持对研发投资价值创造的影响，验证财政扶持对当期、滞后一期以及滞后二期研发投资及企业绩效的激励效应或挤出效应。

第二，本书关注金融发展掣肘的企业长期融资约束和知识产权保护缺失等现实问题，将外部环境因素纳入财政扶持下的企业研发投资与企业绩效的影响模型。从宏观经济及地理环境的角度看，大多数高新技术产业的选址集中在东部沿海地区或是国家重点管理建设的省、市、区，且以产业园区形式存在，交通便利，沟通顺畅，呈点状、带状分布。优越的地理条件和有利的国家、省、市政策有利于企业融资发展，影响政府的扶持力度，从而提高企业研发投入水平，增加企业研发绩效。

现有研究对控制变量的选取多集中于企业内部因素，但缺少对地区金融发展程度以及知识产权保护力度等外部环境因素的控制，使得财政扶持对企业研发投资价值创造是激励效应还是挤出效应的争论始终存在。为此，本书构建以金融发展程度、知识产权保护力度为代表的外部因素对财政扶持下的企业研发投资价值创造影响的理论框架，揭示外部环境因素不断改善情况下对模型可能带来的结构性突变，解释财政扶持对研发投资价值创造的激励效应或挤出效应，为理解我国企业研发投资动力不足的原因提供新的理论思路。本书试图将改善外部环境作为缓解财政扶持对企业研发投资价值创造挤出效应的有效途径，为切实加大企业研发投资力度、深化及提高自主创新能力，正确发挥财政扶持的引导作用，实现战略性新兴产业持续健康发展提供解决方案。

第三，搭建一个财政扶持与企业研发投资行为的动态合作博弈模型，以参与者收益最大化为目标函数进行规划求解，剖析我国战略性新兴产业中财政扶持如何影响参与主体行为的最优决策，为探讨财政扶持通过影响企业研发投资行为决策最终作用于企业绩效的微观机理提供理论基础。

财政扶持影响企业研发投资的激励效应或挤出效应是现有研究的聚焦点，而较少的研究将关注点放在财政扶持影响企业研发投资行为机理上。事实上，企业作为独立的行为主体，在研发行为的选择上很容易受到政府干预的影响，所以在不同的干预情景下企业选择研发概率也是不同的。因此，探究财政扶持影响企业研发投资行为的机制过程就显得非常重要。本书构建包含政府干预和企业行为选择的动态博弈模型，通过博弈理论刻画财政扶持影响企业投资行为的过程，分析财政扶持影响企业研发投资行为选择的基本原理和影响因素，对财政扶持的研发激励效应（挤出效应）影响因素进行实证检验，以期为财政扶持影响企业研发投资行为选择建模提供理论基础和实践论证。

第2章　理论基础与相关文献综述

近年来，国内外相关学者对财政扶持、企业研发投资和企业绩效三者之间相互影响的研究取得了令人瞩目的成果。截至 2021 年 5 月 31 日，本书在中国知网文献总库 Cnki，Wiley-Blackwell 电子期刊全文数据库，Elsevier 数据库，Springer 数据库和 Emerald 电子数据库进行文献检索。其中，以"财政扶持（含政府补贴）""企业研发投资行为效用"为主题对相关文献进行逐年检索，共获取相关文献 1464 篇；以"财政扶持对研发投资的影响"为主题对相关文献进行逐年检索，共获取相关文献 511 篇；以"研发投资对企业绩效的影响"为主题对相关文献逐年检索，共获取相关文献 819 篇；以"财政扶持对企业研发投资影响的外部因素"为主题对相关文献进行逐年检索，共获取相关文献 647 篇。

从本书的研究主题和目标出发，本章将围绕企业研发投资的基础理论、企业如何选择研发投资行为、企业研发投资行为选择受到财政扶持的影响、以及企业研发投资对企业绩效影响等方面进行文献回顾与脉络梳理，在企业研发投资行为选择的内外部动力的基础上，试图通过讨论企业投资行为受到财政扶持的影响程度，以及企业价值受到研发投资的影响程度等领域的研究现状，发现现有不足之处，进而找寻本书研究的突破口，确定本书的研究视角、理论价值和实践意义，作为后续建模与实证的基础。

2.1　企业研发投资行为决策

2.1.1　企业研发投资相关理论基础

现有研究普遍认同企业投资研发活动有很好的正溢出效应，将其研发成果向外推广能够提高社会生产力，增加社会财富（Fazzari et al.，1988；Broström et al.，2017）。经济学文献经常把外部性称为外部效应、外部经济或溢出效应，即某个人或者群体的活动会对其他人或者群体产生影响的情形。这种外部性极易引发技术创新活动中常见的"市场失灵"。外部性包括正负两类，正外部性是指某个体或组织的活动让其他个体或组织受益而不受损；反之，则是负外部性。外部性相关课题研究始于 19 世纪末 20 世纪初，与市场失灵、经济福利和政府规制等多重关键领域紧密关切（张柏杨，2015）。

随着企业研发投资领域研究的深入，越来越多的文献提出当技术创新成果的扩散是以非自愿方式进行的（柳卸林和贾蓉，2007；Hess et al.，2013）。短期来看，虽然其能帮助别的企业提升科学技术和生产力水平，但长此以往，将最终导致研发活动的"市场失灵"。一般来说，企业技术创新研发活动投入资源多、研发周期长、不确定性高，使得研发活动的成本高昂，而且在市场经济不发达的发展中国家，对于知识产权的保护力度大多不足，企业难得的研发成果经常会被其他竞争企业模仿利用（Bashar，2012；Anwar et al.，2017；Jin et al.，2017）。傅利平等（2013）分析了这种溢出效应对公司的影响，研究表明在知识保护权较弱的地区，公司更容易吸收外部知识获益。若政府对这些企业进行经济扶持和鼓励，就能明显地促进其发展。政府的财政扶持可以弥补由于知识产权保护力度不够带来的负面影响，这对于鼓励战略性新兴企业进行研发创新是尤为重要的。熊和平等（2016）针对我国上市公司进行研究，指出财政扶持对创新支出具有明显的正向影响。

2.1.2　企业选择研发投资的行为研究

目前，创新能力对企业乃至国家维持其全球地位有重要的影响（Jay，2014；Hu et al.，2014；Caviggioli et al.，2016）。不仅是跨国公司，一般的企业也开始认识到，仅仅依赖传统的生产和运作方式已不能够在新时代全球化经济中获得足够优势，也无法在市场不景气时帮助企业渡过难关。对于现代企业来说，更重要的是生产运作方式、管理模式、经营战略等各个方面的思想和技术创新。因此，研发成为企业运作的核心，企业只有正确选择并进行研发投资才能够保证可持续发展。一般来说，企业的内外部动力共同推动企业进行有效研发（Karpaty et al.，2011；Lata et al.，2013；Alvarado-Vargas et al.，2017）。外部动力包括技术推动、市场竞争和市场需求等；内部动力包括自身发展需求、创新需求等。

2.1.2.1　企业研发投资的外部动力

一是技术推动。熊彼特（Schumpeter）在1912年首次提出创新理论的基本要点，将创新看成现代经济增长的核心，认为研发投资的主要推动力是科学发现和技术发明。根据这一观点，研发依赖于科学技术的进步和科学思想的发展。市场广泛接受科技研发成果，创新型企业往往能获得垄断利润，具备不断吸纳科技的动力，不断进行研发创新（Cerulli，2010；Arash，et al.，2013）。尽管研发投资成本、难度和风险都很大，但是一旦研发出新的先进产品或者技术优化改进可以提高市场占有率并持续拉升企业利润，激励企业不遗余力地进行研发投资。欧阳峣等（2012）通过构建内生增长模型证实，技术的提升通常伴随着经济增长方式的变化。从生产投资驱动到研发投资驱动的过程也就是由模仿为主到创新为主的过程，因而合理的研发投资在一定程度上可视作经济发展方式转变的推手。戴小勇和成力为（2013）在研究高新技术企业研发投资与企业绩效的关系时，将营业利润率作为关键变量对企业盈利能力进行衡量，结果证明投入程度与企业绩效间有非线性关系。研发投入强度达到第一阈值时，研发投入推动企业绩效；超过第二阈值时，两者关系不显著或负相关。戴（Dai，2015）认为技术创新能力使得组织拥有一连串复杂特征，从而可以支持或帮助组织创新战略的实施。侯赛因等（Hosseini et al.，2017）研究认为研发资金投入作用于企业专利能力的优化，而专利能力正是企业技术创新能力的关键构成要素。

二是市场竞争。市场竞争如果在一个合理范围内对企业来说是有积极作用的，可以激发企业创造力，推动企业发展。良性的市场竞争能够为市场形成奋勇向上的竞争环境，增加流动性，保持活力。市场主要存在完全竞争和垄断竞争两种竞争类型。在完全竞争市场中，各企业实力相当，优势不突出，因而这些企业并不十分重视研发创新；在垄断竞争市场中情况恰好相反，企业之间实力差距悬殊，实力强的一方通过进行企业研发可以获得更多的利润，因而这些企业更乐于进行企业研发。莫尔顿·卡曼和南希·施瓦茨（Morton L. Kamien & Nancy Schwart Z. ，1975）对比了企业技术创新动力在完全竞争和完全垄断两种市场中的差异，提出了新熊彼特创新理论。解维敏和魏化倩（2016）选取近 3 年国内非金融类 A 股上市公司进行分析，发现市场竞争作为外部监督机制，在企业拥有或处理冗余资源时可以缓解管理层代理问题，进而缓解融资约束，并利用组织冗余推动企业研发。许罡和朱卫东（2017）研究发现，市场竞争激烈度与公司研发投资强度呈正相关关系，并对影响金融化的研发投资表现出挤占效应。

三是市场需求。市场需求拉动并推动企业的研发行为，是企业进行研发投资的主要动力。当市场的某种创新产品供不应求时，企业要通过研发创新来满足市场需求，获得超额利润；企业进行的研发创新也会反过来刺激市场产生新的需求，这种新的市场需求又会进一步使企业加大研发投资力度，形成良性循环（Patra et al. ，2015；Haruna et al. ，2015；Guo et al. ，2016）。范红忠（2007）基于有效规模需求假说，将各国拥有的 USPTO 授权的发明专利数量作为计量一国自主创新能力的指标，认为有效需求规模对研发投入有决定性的影响，尤其是经济收入和人均收入的提高会推动研发投入的增加。赵锦春和谢建国（2013）基于各省份 12 年内的数据进行分析，结果表明国内企业在创新方面的投入会受到有效需求规模和收入分配不公两个因素的影响。陈衍泰等（2016）以 2004～2014 年中国企业有海外研发投资项目的 79 个国家为样本，采用负二项回归模型，结果显示东道国市场需求提升会吸引海外研发投资。黄芬等（Hsiao Fen et al. ，2017）采用欧盟创新调查库中 8000 家德国企业的数据进行检验，发现市场需求会刺激创新投入增加。

2.1.2.2 企业研发投资的内部动力

研发创新的内部动力来自企业自身能力的发展要求。核心能力、核心产品以及最终产品是企业间竞争的主要内容。研发能力、制造能力以及推广能力是企业运营过程中必不可少的。杨高举和黄先海（2013）认为要推动企业升级，必须关注内部的因素如劳动力投入以及资本投入等。在现有知识和能力基础上，持续的技术创新可以改进生产技术、提升产品质量，为企业带来新的竞争优势（Midavaine et al.，2016；Su，2017）。

学者从企业研究投资背后的创新需求出发，解析研发投资的内部驱动力。张来武（2013）从经济发展实质，全球经济发展的未来走势以及我国全面小康社会的建设要求三个视角阐述了我国坚持创新驱动发展道路的原因。张玉明等（2016）根据 2009～2013 年创业板上市公司数据，运用多元回归构建理论模型，描述企业创新文化与研发投资的关系以及制度、环境的调节作用。结果表明企业可以被企业创新文化影响，企业创新可以促进企业研发投资。由此可见，创新可以推动企业的发展，创新的目的归根结底是企业的发展进步（李诗田和邱伟年，2015）。

2.1.3 企业规避研发投资的行为研究

企业规避研发投资有两个主要的理论原因：第一，企业研发投资的外部性和溢出效应会带动竞争对手，降低企业研发投资带来的收益。所以，研发投资外部性及其溢出效应对研发的推进产生抑制作用（钟祖昌，2013）。第二，研发投资本身的不确定性较高，在进行研发投资时，企业需要承担较大的风险，因而制约了研发投资的积极性（张延禄和杨乃定，2015）。

2.1.3.1 企业研发投资的外部性特征和溢出效应

一是企业研发投资的外部性特征。特征一为非竞争性，某位经济行为人使用该技术时，无法避免其他经济行为人同时使用；特征二为非排他性，知识和技术的创造者或设计者在防止侵权上不具备有效手段。阿罗（Arrow，1972）指出，如果法律保护到位，信息可以变成商品被占有，信息被垄断也有可能实现。然而这种法律保障是不存在的，信息只能是一种可占有的东西而不是可以被垄断的无形商品。法律无法准确地将一种信息和其他类似的信息完全区分开，这就使得法律对知识产权的保护是有局限性的，不能消除研发投资的溢出效应对企业带来的负面影响（李伟等，2016）。坎瓦尔（Kanwar，2006）弥补了知识产权与创新关系研究的空白，在考虑了知识产权的内生性和外部性之后，指出知识产权对于创新有很强的积极影响。此外，部分学者认为实际操作过程中，通过法律等途径可增加研发投资产出的排他性。

　　二是企业研发投资的溢出效应。在研发竞争与合作主题的相关研究中可以发现溢出效应对研发动力具有重要影响（Fornahl et al.，2010）。阿罗对研发投资溢出效应进行研究，指出知识与信息的革新具有公共产品特征。部分知识的开发目的是应用，这就导致在很大程度上容易溢出并被侵权应用。当一种全新技术不再被创新企业独占，而作为一种公共商品存在，这时该技术就产生了溢出效应（金刚，2016）。学者认为，知识具有公共产品特性，创新企业难以独享创新成果，而不可避免遭遇不同程度的溢出效应。企业创新投资所产生的私人收益率低于社会收益率，从而企业的创新投资与社会的最优水平存在差距（沈能和赵增耀，2013）。齐斯（Ziss，1994）构建了一个两阶段研发双边寡头博弈模型，该模型解释了溢出效应，将三种勾结研发方式进行对比，分析了各研发方式提升整体福利水平的前提条件。在随后的研究中，学者提出溢出足够大时，三种勾结方式都表现为有益的结果，其中合并是受益最显著的勾结方式（陈抗和郁明华，2007）。研发投资的溢出效应会使竞争对手从中获利。封伟毅等（2012）利用我国企业 1995~2010 年的微观数据进行实证分析，发现研发投资对企业全要素生产率表现出明显的溢出效应，高新技术行业、国有企业和港澳台企业中尤为突出。卢（Lu，2016）也指出随着全球竞争的日益激烈，技术逆向溢出流动已经成为许多发展中国家发展的重要手段。

2.1.3.2　企业研发投资活动与产出的不确定性

　　相比其他活动，企业研发投资活动有很显著的不确定性。这种不确定性主要有两个：一是研发企业无法确定研发的成果能否达到自己的预期；二是无法确定研发成果能否获取市场的青睐（Karaveg et al.，2016）。在实际中，企业研发投资从提出到研发成功，再到投入市场，是一个漫长且风险很大的过程。

从融资的角度来说，研发投资抵押品少，并且存在很大的道德风险。当企业内部资金不足时，容易造成融资困难。在道德风险方面，研发投资项目一般专业性很强，企业的投资者无法深入理解，有可能造成企业的道德风险，使得投资人不愿意投入充足的资金支持项目研发（康志勇等，2013；肖文等，2014；杨向阳等，2014）。马红和王元月（2015）通过使用中国战略性新兴产业的微观数据库，以融资约束与政府支持两个因素为对象，考察两个因素对中国本土企业技术创新投入的影响，结果表明融资约束和政府支持对企业技术创新活动分别具有阻碍和推动作用。蒲文燕和张洪辉（2016）利用国内近年来高新技术上市公司数据，外部股权融资对企业研发投资的影响进行分析，结果表明二者呈现明显的正相关，且多体现在小企业中。

从抵押品方面来说，研发人才的雇用和培训占据了研发资金的很大比重。一旦失败，企业的"沉没成本"的代价将是巨大的（Czarnitzk et al.，2013）。所以，研发投资无法像固定资产那样成为信用贷款协议的抵押品，这也是融资约束成为研发投资主要障碍的原因。

2.1.4 企业研发投资影响因素的相关研究

企业研发投资活动影响因素呈现多样性，主要有以下三个方面。

一是企业规模。研究关注点在于企业规模和研发活动之间关系的正负性，线性与非线性，现有研究一直存在争论（白贵玉等，2015）。熊彼特在20世纪中期首先阐述了企业规模的扩大会显著促进企业研发投资这一观点。菲利普斯（Philips，1966）在控制了解释变量如技术机会和厂商集中度等的条件下运用回归分析对美国11个产业的企业数据进行分析，研究证实企业规模对研发支出强度有显著的正向作用。达尔齐尔（Dalziel，2011）通过部分公司的研发投资与其他财务信息的分析发现，研发投资和销售总额的比值与企业规模呈正相关。泰马斯等（Taymaz et al.，2013）认为企业规模与研发竞争存在强相关性，企业资本结构会对该相关程度施加作用。杨等（Yang et al.，2014）发现研发人员投入比重和研发经费投入与企业规模呈显著负相关关系。邹国平等（2015）借助分位数回归模型对国有企业上市公司的企业规模和研发投入这两个变量进行分析，结果发现企业规模与研发强度之间基本呈负相关。

二是高管激励。当企业的所有权和经营权表现为分离状态时，市场投资更具多元化，企业管理更专业，推动资本和管理有效结合，加速企业得以可持续发展（Freeman，1984；王燕妮等，2013）。但与此同时产生了委托代理的难题，高管的目标函数与企业所有者的目标函数不同。企业中的所有者希望得到企业长期的最大化价值，而经营者则希望得到个人的最大化效用。在进行技术创新活动时，企业高管的地位举足轻重（Moreau et al.，2013；Chen et al.，2016）。巴尔金等（Balkin et al.，2000）研究企业研发投资与股权激励的关联，发现 CEO 股权激励对研发活动具有促进作用。陈修德等（2015）以连续 8 年中国 A 股全部工业企业研发数据为基础，利用随机前沿分析模型证明高管的货币薪酬与企业研发呈现高度正相关；高管持股比例与企业研发呈现倒"U"型关系。巩娜（2015）基于锦标赛理论证实了民营上市公司高管薪酬差距与研发投资呈正相关。翟淑萍和毕晓方（2016）以高新技术企业为研究样本，研究企业高管的利益趋同效应，发现高管持股比例不同时对于研发投资的影响程度不同。陈霞（2017）基于创业板上市公司的相关数据，验证出高管持股激励可以强化研发投资与企业业绩的正相关关系。

三是财政扶持。政府在一定程度上为企业提供扶持，表现为资金或政策支持，从而为企业进行技术创新活动提供机遇，正向刺激企业的创新态度和能力，加剧投资热情。休伊特·邓达斯等（Hewitt – Dundas et al.，2010）对1994～2002 年爱尔兰和北爱尔兰的企业进行分析，发现企业研发比例、产品更新换代两方面的创新活动都受到了政府科技扶持的积极影响。白恩来和赵玉林（2018）利用主成分分析法以及回归分析法验证了政府政策支持对我国新兴产业起到积极促进作用。

综上所述，企业可能以选择进行研发投资，也可规避研发投资，但是没有一个准确的定论。有很多因素可能会影响企业进行研发投资，可能是诸如企业规模等内部因素，也可能是经济环境、财政扶持等外部因素。现有研究大多为实证分析方法，多聚焦财政扶持对企业研发投资影响，忽略了对财政扶持影响企业研发投资的机理分析。

2.2　企业研发投资对企业绩效的述评

中国经济的发展速度带动知识创新的步伐，企业为了适应新的经济形势，对于研发投资更加重视，研发投资是企业核心竞争力的基础。国内外诸多学者亦对研发投资与企业绩效方面做了大量研究和深入探索，并取得很多有价值的成果。

2.2.1　企业研发投资影响企业绩效的相关理论基础

新经济增长理论认为经济增长根源于经济体系内部。该理论强调了研发活动、劳动分工与专业化、知识的外部性等新问题的研究，并为跨国差异性、人均收入与经济增长率研究提供新视角。与此同时，该理论认为技术创新是人类自利性活动的产物，即完全内生化（Anandarajan et al.，2007）。技术进步是生产率和劳动分工关系不断演进的结果，可以成为内生变量（戴小勇，2014）。在劳动分工关系的发展过程中，技术进步减少了交易成本并且改善了交易效率，同时进一步促进了分工的进步与发展，使得专业化的水平持续提高，促使创新成为经济增长的持久动力。此外，陈修德等（2015）研究得出高管货币薪酬与企业的研发效率呈现正相关的关系。成力为和李翘楚（2017）通过比较我国同发达国家不同产业创新投入及发展的差距，得出我国不同产业创新与发达国家的差距与不足。高扬志和冉茂盛（2017）认为民营企业的投入强度与腐败支出成倒"U"型关系。

熊彼特增长理论包含两种创新模式。第一种为水平创新模式（种类扩张模型），主要方式是通过研发投入来增加生产产品种类，从而促进生产专业化，最后实现促进经济增长和技术进步（Dinopoulos，2006）。第二种为垂直创新模式，主要指通过研发投入提高产品质量，实现效益增长和知识进步（Dinopoulos et al.，2007）。垂直创新模型是一个不断更新的破坏过程，成功的企业会取代之前的企业，成为垄断者，又会被后来成功的企业所淘汰（Dinopoulos et al.，2007；Kirner et al.，2015）。柳卸林等（2017）利用熊彼特增长理论，对我国在经济发展中的创新实践以及遇到的挑战进行回顾，并给出相应的建议。

熊彼特增长理论与新古典增长理论的不同之处主要有以下几点：第一，经济增长的来源不同，前者认为技术进步以及经济增长是由创新性和知识积累决定的，因此，经济增长的源泉是有差别的。第二，熊彼特增长理论抛弃了市场是完全竞争的假定，认为提供中间产品的企业可以获得垄断利润，其主要是因为在市场上拥有一定的垄断权利。第三，知识是非竞争性产品，尽管资源总量可能是有限的，但是知识的积累可以促进经济增长。

2.2.2　研发投资的绩效影响表现方式研究

对研发投资与企业绩效的相关性的研究，主要是研究研发投资是如何对企业绩效产生影响的。一定程度上，影响方式间接反映研发投资价值创造的内在机制。目前学术界普遍认为研发投资的价值创造主要存在三种基本影响方式，即财务绩效、企业价值和专利产出（刘振，2014）。

（1）基于财务绩效的企业绩效影响研究。以财务绩效为基础研究的研发投资的价值创造是目前学术界研究的主流之一。现有研究主要包括分析研发投资如何拉动企业生产率上涨，研发投资对销售收入和利润的产出弹性，以及企业产出受研发投资影响的滞后期等方面（孔东民等，2014；Chen，2017）。钱伯斯（Chambers，2002）对美国近万家企业业绩数据相对于其研发投入的滞后期进行分析。结果发现，企业业绩相对于研发投入具有滞后效应，且这种效应影响持续的时间相当之长，可以持续 10 年甚至更久。周艳和曾静（2011）研究企业研发投资能否增加企业未来价值，基于中国 2002～2009 年沪深两市的微观企业数据，对企业研发投资与企业经营利润的关系进行分析。结果表明，各期研发投资的增加都会带动企业经营利润的上涨，但是其上涨明显滞后研发投入一至两期。汤二子等（2012）通过对2007年中国制造业企业研究，探讨研发对企业利润的作用机制并利用数理模型，从异质性生产率角度研究研发支出对企业生产率及其盈利状况的决定作用。解学梅等（2013）通过新产品产值、新产品销售收入以及拥有发明专利数三个指标判断企业创新成效对高新技术企业研发投资与新产品绩效的关系进行了分析，模型使用了经典的科布－道格拉斯（Cobb-Douglas）生产函数。

（2）基于企业价值的企业绩效影响研究。学者不仅通过分析财务绩效揭示研发投资对企业价值的影响，还通过分析研发投资在企业市场价值上能创造的影响进行研究（Matsuno et al.，2017）。霍尔等（Hall et al.，2007）认为企业进行专利研发能够通过产生预期未来现金流量，以及锁定企业经营风险的方式向市场传递企业具有良好发展前景的信息，促进股价上涨从而提升企业价值。埃伯哈特（Eberhart，2008）进一步发现，企业增加研发投资会促进企业获得更大的市场份额，可以利用创新优势为自己获得超额利润，提高股票价格增加企业价值。李等（Li et al.，2016）分析制药公司的研发投资对企业价值的影响，研究发现企业的研发投资对企业价值的影响表现在公司股票价格的上扬，当企业公布增加研发投资的消息时，会传递企业具有良好发展前景的信息，股票市场会做出股价上涨的积极反应，有利于帮助投资者获取超额收益。王等（Wang et al.，2015）利用中国上市公司数据，对研发投资影响下IT投资与企业绩效的关系进行了系统分析，建立了IT投资、研发投资、环境动力和企业绩效相结合的概念模型。周铭山等（2017）通过对创业板上市公司2009~2014年的面板数据进行分析，得出了企业研发创新投资对股票市场的影响关系。创业板公司研发创新投资与其股价崩盘的风险密切相关，创新投入越多，崩盘风险越低，投资者也会得到更多的超额收益。

（3）基于专利产出的企业绩效影响研究。赫希（Hirschey，2004）等提出公司可以结合专利数量和公司研发支出的价格进行衡量公司创新活动的价值，说明专利权的增长和企业的绩效增长有着密切的关系。李诗等（2012）对三类专利数据进行研究分析，指出上市公司所拥有的专利数量可以提高公司市值。李仲飞和杨亭亭（2015）通过评价发明专利授权率、发明人数量和技术覆盖范围，分析了公司价值受专利质量的影响程度。研究发现专利质量提高了公司投资价值，进一步研究表明，对专利权保护越高的省份，专利对公司价值的促进作用越明显。

2.2.3 研发投资的绩效影响相关研究

政府和企业不断关注研发活动的投入，学者们也在逐渐关注研发投资与企业价值相关关系的研究。但是目前学术界仍然对此存有不同观点。

（1）企业研发投资促进企业绩效的影响研究。格里希斯（Griliches，1981）对157家美国企业的相关数据进行了系统分析，首次发现研发投资和专利数量与企业价值的相关关系，研发投资和专利数量的提升可以促进企业价值增长，也对企业的托宾 Q 值有显著正向影响。埃希（Ehie，2010）等对美国公司研发投资和市场价值之间的关系进行调查和研究，在控制企业规模、产业集中度和杠杆率这些相关变量后，得出了研发投资可以对企业绩效产生正向影响。郭黎等（2016）通过线性回归和路径分析方法，分析了2014年我国四类制造业上市企业的数据，研究企业价值形成过程，探究了作为智力资本与企业绩效之间的中介变量——企业研发投资指标对企业价值产生的影响。结果发现，研发投资发挥了很强的中介效应，明显促进了企业价值的产生。贾辛哈尼（Jaisinghani，2016）对制药行业研发强度和企业盈利能力之间的动态关系进行了评估。学者采用高斯混合模型（GMMs）来估计研发强度和性能之间的关系，结果表明研发强度与绩效之间存在着积极的关系。辛（Cin，2017）利用韩国公司的样本数据为基础，分析得出研发投资和股票价格之间存在正相关关系，即表明市场投资者认同研发投资对企业价值起到了正向调节效用。研究还提出，企业可以加大研发创新投资力度，并将当期的全部的研究开发费用进行资本化处理。李平和刘利利（2017）为探讨企业研发投资与创新效率的关系，通过超对数生产函数的随机前沿模型和门限回归模型，对 2003～2012 年我国各地区企业的面板数据进行了详细分析。研究发现，企业研发投资能够促进创新效率的提高，减少"市场失灵"现象的出现，从而提升企业价值。武咸云等（2017）通过对 2010～2014 年 278 家战略性新兴产业上市公司的数据进行实证分析，最终发现，企业研发投资对于企业价值的促进作用存在滞后性，一般会在企业滞后两期或三期的财务报告指标中体现出来。

（2）企业研发投资抑制企业绩效的影响研究。尽管部分学者有证据表明研发投资对企业价值有极大促进作用，但仍有学者持相反观点，认为研发投资与企业价值之间的关系不一定是完全正相关的，并对此进行相关研究。阿布迪等（Aboody et al.，2000）指出内部控制人的机会主义行为可能造成其利用研发投资的信息不对称现象来进行内部交易攫取公司价值，从而形成"逆向选择"，造成研发投资与企业价值的负相关关系。安同良等（2009）通过建立信息不对称的动态博弈模型，发现中央的财政支持对于促进企业研发、支持企业进行技术创新，在某些情况下其效果是不明显的，这主要是由于政府在信息不对称条件下无法正确甄别企业发送"虚假"的创新类型信号，从而产生"逆向"的激励作用。张玉臣和杜千卉（2017）通过对 2011～2013 年 757 家上海高新技术企业的面板数据进行系统分析，盲目增加反而会降低科研经费的利用效率，造成企业创新绩效的下降。

同时，研发投资的企业价值创造可能受到其他很多因素的影响。如彭等（Peng et al.，2016）指出研发投资对债权人权益和股东财富的影响机制是不同的，企业为了增加股东财富而进行的研发投资可能会在某些方面损害企业其他利益相关者，特别是债权人权益，使得公司债权风险变大、债权评级恶化，从而降低企业的整体价值。另外，非线性的影响关系也是目前研发投资与企业价值研究的热点。如戴小勇和成力为（2013）通过门槛回归模型发现，企业研发投资强度与企业资产收益率之间具有明显的门槛效应。同时，这两者之间的门槛效应存在行业差异，高技术行业的门槛值高于低技术行业的门槛值。

综上所述，一方面，现有研究在界定企业价值时往往聚焦于企业的财务价值或者市场价值，忽略了企业的内在价值，这种对于企业价值的考虑并不全面。另一方面，现有研究也缺少对于企业研发投资滞后效应的影响，企业的投资回报期一般较长，短期内并不会出现明显的效应。尤其是对于以技术研发为核心的战略性新兴产业，由于技术研发需要耗费大量的时间和精力，短期内基本无法凸显。

2.3　财政扶持对企业研发投资行为决策的述评

财政扶持在企业技术创新活动外部性问题的解决过程中起到至关重要的作用，政府对企业研发资助的理论基础是政府干预理论（Manolopoulos，2014；陈艳利等，2015）。凯恩斯主义以国家干预主义为原则，主张政府应该在宏观经济领域通过制定宏观经济政策发挥调节市场失灵作用（Becker，2015）。庇古理论表明，经济事项当事人的私人成本与社会成本一致，当两者产生差别，市场资源配置会失衡。同理，私人最优导致社会最优。要想使资源配置达到帕累托最优状态，则需要政府采取措施使私人成本和私人利益等于相应的社会成本与社会利益（Ortgiese，2018）。庇古对此有两个假设：一是制造商通过外部效应可以纠正自己的行为并改善生产；二是庇古补助能够降低生产成本，对正外部性效应的制造产生有效的激励。当外部性对生产活动具有决定性约束条件时，财政扶持会促进供给曲线向外移动。生产企业能否修正自己的行为决定了财政扶持的激励作用是否有效。

2.3.1　财政扶持对企业研发投资行为影响的理论基础

2.3.1.1　信息不对称理论

科斯塔等（Costacampi et al.，2017）发现拥有研发项目的企业，拥有所需的研发项目相关信息。但是由于信息披露存在风险，因此信息披露往往是简单披露。另外，由于信息不对称和投资的某些风险，使得企业具有良好发展前景的研发项目，因为资金供给银行和战略投资者对其资金的投入存在顾虑而夭折，从而产生社会研发投资总体不足的现象（Cozzarin，2006）。政府的财政扶持，一方面向社会投资者或银行提供有发展潜力的研究项目，对民间资本引流和疏导；另一方面，鼓励企业进行自主研发，对企业进行研发资金扶持（Gretz et al.，2012；余伟婷等，2017）。

信息不对称指交易过程中某一方无法完全检测到另一方的行为方式，或是难以对另一方的行为进行检测，或是检测成本过高从而导致信息不对称，简单来说，某些参与者拥有另一些参与者不拥有的信息（Grimpe et al.，2010；屈文洲等，2011）。当信息不对称发生时，经常会出现以下三个问题：一是代理人问题，亚历克（Alecke，2012）认为政策有效性也适用于中小企业的私人研发活动，在使用资金时可能违背委托人即政府的意愿，未经授权使用扶持资金，致使扶持资金的使用效率降低（吴剑峰等，2014）。二是道德风险问题，包括通常所指的"偷懒""搭便车""机会主义行为"等行为。三是逆向选择，阿克洛夫（Akerlof，1970）最早分析了信息的不对称与交易行为，买卖双方产品信息的不对称性诱发逆向选择，导致低质量产品驱逐高质量产品。政府不能全面准确得知企业内部具体情况，导致政府与企业之间的信息不对称现象不可避免，这就可能会使得市场运行效率不断下降。企业有可能利用政府政策来为自己谋取更高利益。于蔚等（2012）分析了政治关联对民营企业融资的作用机制。表明政治关联对企业融资约束具有缓和作用，主要表现为信息效应和资源效应。容格（Jung，2014）等发现研发部门在获取信息、基础研究、产品试点测试和产品制造方面的需求存在差异。大多数中小企业的研发活动都存在若干障碍，特别是在确保人力资源和研发活动方面，但是政府可以协助他们进行研发活动和人力资源培训。拥有政府认证研发设施，对研发活动投入较高的中小企业与大学研究机构进行研发合作的可能性明显更高。贝克尔（Becker，2015）通过数据分析，研究发现当信息不对称时，信息优势者会借助其信息优势与信息劣势者进行不公平交易来获取超额利润，达到自身利益最大化。同时，在市场中政府起到给予财政扶持、决定财政扶持的作用，它在财政扶持政策的制定和实施过程中都处于至关重要的地位。李雪婷等（2017）通过实证研究证明我国企业碳信息披露对企业价值的提升有作用，并且这种提升作用与碳排放量成正相关关系，同时加强了外部因素的机构投资者对碳信息披露与企业价值之间的敏感度。

2.3.1.2　博弈理论

博弈论发展于 20 世纪 40 年代，1944 年《博弈论和经济行为》一书由冯·诺伊曼和摩根斯坦合作完成，这也是博弈理论第一次被提出。1996 年，张维迎再次细化了博弈论的用途——主要研究当决策主体的行为发生直接作用时的决策及其均衡问题。70 年代后期，博弈论逐渐发展成完整的知识体系；80 年代，博弈论演变为信息经济学的基础，被纳入主流经济学。

博弈论分为合作博弈与非合作博弈，其中，非合作博弈为主要研究对象。两者区别在于，行为相互影响作用时，存在具备约束力协议的博弈为合作博弈；反之为非合作博弈。合作博弈以集体理性与公正为基准；非合作博弈关注个人理性、个人最优。例如当两个寡头企业联盟时，目标为最大化垄断利润，并据此拟定协议，各自按照这个协议生产，就是合作博弈（石晓等，2015）。

本书中的博弈论主要指研究企业研发投资和财政扶持之间的关系。技术创新是战略性新兴产业发展的根本，这个过程需要大量的资金支持，仅靠自身难以维系，故需要政府扶持进行投资才能得到长远的发展（武咸云等，2017）。周亚虹等（2015）发现当前转型经济时期，政府仍将引导部分产业的发展，因此企业发展需要政府的财政扶持。但是，企业是以利润最大化为发展目标，一方面，由于政府和企业的信息不对称，企业很可能将财政扶持投资于短期可以获利的商机；另一方面，哈扎比等（Khazabi et al.，2017）提出企业研发投资普遍减少的现象，即企业将所获得的财政扶持资金作为企业收入来源，放弃自筹资金，甚至否定了用政府的技术创新补贴来提高自身竞争力的行为。

2.3.2 财政扶持对企业研发投资的激励效应

阿罗阐明了研发活动外部性的相关理论，支持政府采取一系列措施对企业研发投资活动进行合理干预。从此之后，国内外的研究重点之一放在政府研发专项资金对研发投资行为的影响（Pickernell et al.，2013；熊和平等，2016）。此外，不同类型的财政扶持效果可能存在较大差异（Sun，2013）。到底财政扶持产生的是正向刺激效应还是负向挤出效应，一直没有达成一致的意见，国内外文献关于政府研发财政支持在企业研发投资行为上的效应大致能得出三种观念：政府研发财政扶持的激励效应（政府研发财政扶持可以促进企业研发投资），政府研发财政扶持的挤出效应（政府研发财政扶持可以抑制企业研发投资），政府研发财政扶持在企业研发投资行为上的效应折衷观念。

国外的典型研究有：卡扎尼克等（Czarnitzki et al.，2013）分析了市场的不确定性与政府研发财政扶持在企业研发投资效应之间的影响。塔哈尼第（Tahmooresnejad，2015）经对比研究获得政府研发财政扶持和未得到政府研发财政扶持在企业研发投资方面的不同效果的影响。苏塞克斯等（Sussex et al.，2016）研究了企业研发投资行为对财政扶持的反应，研究表明，当政府研发财政扶持可预期时，其对企业的研发投资能够实现刺激效应。贝蒂等（Petti et al.，2017）分析了对高新技术产业具有影响力的两个要素，即创新政策扶持和企业自身创新活力，同时将这两个要素进行综合研究分析，并将创新活动研究与开发投资与嵌入式创新能力作为两个主要研究部分，开发并测验了一个综合适度的模型。容格等（Jung et al.，2014）总结了5年的政府研发财政扶持资金对信息与通信技术中小企业的作用，同时对比财政扶持方法的研究绩效差异，进一步就政府财政扶持信息与通信技术中小企业的方向和政策提出了合理的建议。

国内的典型研究有：解维敏等（2009）选取面板数据，采用固定效应模型得出财政扶持积极刺激企业研发投入。所以，政府理应恰当地增加对企业研发投入的扶持力度。曹献飞（2014）利用倾向评分匹配倍差法进行实证分析研究，表明财政扶持对中国本土制造业企业自主研发投资产生促进作用。与此同时，研究进一步表明使得促进效应产生显著差异的主要因素是企业类型的差异。黄艺翔和姚铮（2015）分析影响财政扶持研发项目对企业生产能力的各种要素，以 2009～2012 年我国创业板上市公司作为样本，研究表明创新基金的效应随时间变化而产生动态变化，并且其主要有三种影响要素：资金形式、市场化程度以及经济发展水平。研究发现基金对企业长短期发展都能产生显著的积极影响。水会莉等（2015）以 2011～2013 年中国制造业上市公司的数据为样本，对政府压力与税收激励单独及共同对企业研究投入的影响进行研究，研究发现国家科技政策、能耗管理、节能减排等政府政策优惠对企业研发投资活动存在促进作用。佟爱琴和陈蔚（2016）将 6 年内中小板民营上市公司的数据当成样本，从政治关联的高度对二者关系进行了综合研究。王旭（2017）利用 7 年内制造业企业的相关数据，结合企业内部和外部的现实融资情况，采用欧拉模型研究得出结论：税收优惠政策适合大企业的研发投资，研发投入专项资金则适合小企业的研发投资。孙晓华等（2017）把企业研发的阶段划分成"是否研发"和"研发多少"两个不同的阶段，利用政府扶持对两个阶段建立分析，实现两阶段模型，与此同时，对国有、外资、私有企业进行样本划分成类并研究分析。研究表明，对于肩负相对较多社会责任的国有企业来说，其进行自主研发投资的可能性比较小；但是，对于私营企业来说，财政扶持的激励作用显著。杨国超等（2017）研究表明，政府的研发激励政策会激励公司进行研发操纵。

关于财政扶持研发的具体方法的研究当中，莱池（Lach，2010）研究了以色列政府实行的按照比例发补贴的措施，得出财政扶持与企业自主研发投资之间存在显著的正相关关系，但财政扶持的促进作用会伴随企业规模的扩大而逐渐减小。科茨等（Cotti et al.，2010）研究了国家经济发展激励措施对新兴乙醇行业的作用：美国政府于 1980～2007 年颁布了大量国家级补助措施和意在促进乙醇生产的税收减免政策，使得美国生物燃料工业在这一时期全面兴起，其结果是美国政府在乙醇行业中的研发补助和激励措施会对企业自主研发投资和生产能力具有显著的促进。科莱特等（Klette et al.，2012）研究挪威政府在新兴产业上研发投资补助的方式。挪威政府在对企业开展研发补助时，强制要求企业把其自身风险资本的 50% 加到研发项目中。王（Wang，2015）指出政府总是补助不合作的研发活动，或者合作但却并不友好的公司。除此之外，如果两家公司在自主性研发中不合作（合作）时，政府的亲和力行动会促使政府投入更多（更少）的研发补贴。张奇峰等（2017）考察政治关联如何影响隐性激励及企业价值是把民营企业在职消费作为范例。研究表明，民营企业的政治联系有助于节约企业的交易成本与减少政府的利益侵占，从而提升企业价值，促进企业的自主研发。

2.3.3 财政扶持对企业研发投资的挤出效应

综上所述，持有研发投入的财政资金在企业研发投资方面有正向的激励效果的观点除外，仍存在许多研究表明研发投入的财政资金让企业减少了自主性研发投资。当企业获得相应的财政扶持后，与原先自筹资金积极进行科技创新活动相反，企业只把获得的扶持资金作为收入来源的一部分，进而将阻碍企业研发投资活动的发展（Blazenko et al.，2015）。

对于政府科技扶持挤出效应，这方面的研究最早能追溯到布朗克等（Blank et al.，1957）通过研究 1564 家企业的数据实例，研究表明政府技术创新资助并不是完全有利于企业进行技术创新。之后，学术界关于这方面开展了许多的研究与讨论。利希滕贝格（Lichtenberg，1987）研究了政府研发资助会对企业销售收入的影响，分析表明企业得到政府研发资助，可能正是提供研发资助方企业部分销售收入的需求方，政府考虑加上对企业研发产品的需求后，在企业研发支出方面政府研发资助的作用将不明显。利希滕贝格得出经竞争性机制获得的政府研发合约会促进企业研发资金投入的增加，但经非竞争机制获取的研发合约会对企业研发基金投入产生不利影响。陈凯华等（2012）研究表明高技术产业整体技术创新效率逐年降低，指出技术创新资本成本投入增加而技术创新产出成果不足，主要在于中国高技术产业重视创新资本的积累较多，忽略了转化利用创新成果，致使创新成果商品化和产业化低下。克维多等（Quevedo et al.，2013）在控制了公众研发资助的内生性之后，检验了公众研发资助在企业自主性研发投资方面的作用，得出30%左右的企业研发投资被企业政府研发扶持所挤出。帕克（Park，2014）认为从现存的研究判断是政府研发扶持促进企业研发投资，还是企业对研发投资的增大吸引了更多政府研发扶持。张彩江和陈璐（2016）采用5年间珠三角地区上市创新型企业的相关数据，得出挤出企业用于研发资金的是政府过量的扶持。门迪戈里（Mendigorri，2016）分析得出政府研发扶持的企业整体研发投资活动并未增加，表明财政扶持挤出了私人对研发的资金投入。

2.3.4　财政扶持对企业研发投资的门槛效应

现有研究中有学者认为财政扶持对企业研发可能有门槛效应，并且不同环境下的影响程度也不尽相同。虽然财政扶持对企业创新投资发展大体上是正面影响，但是仍然有挤出效应出现（Antonelli et al.，2013；Hud et al.，2015）。吕久琴和郁丹丹（2011）了解到财政扶持能有比较明显的挤出效应表现在企业的投资发展方面，研发之后并没有表现出对公司价值的提升，甚至加上了扶持资金，研发对企业价值会呈现出抑制的作用。吴祖光等（2013）通过对过去相关问题的研究进行整理分析，认为政府资助对于私人研发投资的效果可能截然不同，其中信息不对称与政府资助方式起了决定性作用。李永等（2015）以中国10年来省际数据为样本，结合制度约束变量，以随机前沿模型与数据包络分析模型进行两阶段研究，结果表明财政扶持对企业创新发展和规模扩大会产生一定的抑制作用。

通过对不同经济体的研究，大量学者得出了一个类似的结论，即财政扶持能够挤出企业创新投资。假如企业未能从自身得到研发费用，一定会影响企业的研发绩效。因此，政府在企业的经营发展中需要承担一定的责任。除了财政扶持的影响作用外，许多外部因素如金融发展程度、知识产权保护力度、企业寻租行为等也对财政扶持、企业研发投资起到正向或反向影响（Arqué-Castells et al.，2015；Buigues，2017；Cai et al.，2017）。例如，由于各个地区的政府政策、民俗以及地理位置的不同，会使当地金融发展程度产生层次性的差异，由此，各地的企业发展迥然各异，故而财政扶持不可能在每个地方都产生相同的影响效果（Watkins et al.，2009；Nicolas et al.，2015）。地区寻租行为越高，企业的融资渠道越宽，从而促进企业增加对研发投入的资金；研发投入资金的增加，将提高企业自主创新能力，进一步促进企业加速转型，扩大品牌影响力、竞争力，不断提高本地区寻租行为。

波特、熊彼特等经济学家在其著作中提到了创新对提高国家生产力和竞争力起到重要作用：通过增加储蓄、评估投资项目、公司监管等途径，发掘潜在价值最高的产品开展研发，具备新产品、新工艺的企业或企业家将为其供给大量的有偿资金，进一步提高企业技术创新的速度。刘行和叶康涛（2014）在关于金融发展和企业税负关系的文章中指出，地区金融发展程度的提高有利于拓宽企业融资渠道，降低融资成本，缓解融资约束，从而降低规避的边际效益，提高企业税负。卡尔博尼等（Carboni et al.，2006）调查了政府对投资支持和研发支出的影响，采用 7 个欧洲国家制造业的大型公司和跨国公司的数据为分析样本。公共补助会对公司的创新发展产生正面的影响，研发激励措施也会对研发支出产生积极影响。另外，资助引发了中长期信贷资金的使用，表明公共政策可能有助于企业改善财务困境并促进企业价值提升。

综上所述，目前的研究都聚焦在财政扶持对企业研发投资的挤入或挤出效应，而忽略了经济、社会等外部环境在政府和企业的影响上。事实上有很多因素影响财政扶持对企业绩效的作用，不只是企业内部，公司外部的因素也会对最终结果产生重要影响。涉及企业外部影响因素很多，诸如地区金融发展程度、企业的寻租行为、知识产权保护力度等。这些外部因素会用什么方式影响财政扶持对企业研发投资的影响有待进一步验证。

2.4　财政扶持与企业研发投资对企业绩效的述评

2.4.1　财政扶持与企业研发投资对企业绩效影响的理论基础

信号传递是指在信息不对称的双方中，信息量处于优势地位的一方向另一方发送相关信号的过程。周宏等（2014）根据我国企业债券的信息，研究了信息不确定、信息不对称与债券信用利差之间的联系，结果发现控制债券以及其他条件不变的情况下，企业在双方信息不确定和信息不对称的前提下，信息量较高者往往可以获得极大的收益。周中胜等（2015）研究发现中小企业在信息共享的情况下通过网络嵌入行为可以稍微抵制信贷融资的制约因素，企业负责人会用适当的方式去向目标市场传达出有利于公司价值的正面信号。市场中交易双方的信息从来都是不对等的，现实中没有完全市场存在的条件，人们不能完全得到全部交易活动信息，一般来说卖方会有比买方更多的市场信息，拥有选择权，从而占据"信息"的优势来进行不公平的买卖，剥夺买方的利益从而获得超额收益。恩格尔（Engel，2017）从信号传递理论着手，研究发现，外部投资者和内部人员得到企业价值、投资机会等信息并不完全相同，外部投资者可以借助内部人员的财务行为所发出的信号来判断企业的财务状况和发展前景。石天唯等（2016）提出中小企业融资难问题的根本原因之一是信息不对称。

在一般交易中，企业会向投资者们披露自身研发创新项目的信息，来降低双方在信息方面的不对等，从而更加吸引投资者的投资。利润宣告、股利宣告以及融资宣告是公司向外界传递自身信息时最常用的三种模式。其中，股利宣告是最有价值的一种信号模式。一些高质量投资机会，被那些企业通过资本结构或者股利政策的选择发布出去，这些信息的发送会吸引那些有能力投资的投资者。并不是只有股利信号可以进行信息传递，企业的各种抉择都会向外部传递信息从而影响信息传递，故企业在抉择时不仅要考虑抉择方向本身，还要去思考这个抉择传递出去的信息会给企业带来哪些影响，从而企业可以根据影响来调整自己的决策。

2.4.2　财政扶持与企业研发投资对企业绩效影响的相关研究

企业研发的产出有相对一定的信息含量，是一种无形资产。费利帕等（Felipa et al.，2012）研究了信号传递在企业研发关系与财政扶持中的影响，研究表明财政扶持能把一些企业信息提供给等待投资的投资者，比如企业发展状况与企业研发收益能力等信息。福尔维（Falvey，2016）研究了信号传递在企业透露自身技术研发创新时候的作用，研究表示此时信号传递可以向外部人员传递企业发展稳定、业务良好等信息。信号的传递可以使双方不对等的信息获得流动，加深双方了解，对公司市场价值提升有正面影响。王刚刚等（2017）研究了财政扶持对企业研发投入的激励效应高度依赖于"非主动性"的外部融资激励机制，财政扶持会影响企业融资途径。

因为研发投入的财政扶持可以向外部传递企业相关信息，所以能够解决企业一些内外部信息不对等所导致的融资困难问题。勒纳（Lerner，1999）研究表示财政扶持可以引导外部自助者融资方向，并验证中小企业创新研究资金的获取与获得风险投资之间的联系。勒纳认为政府资助带给企业发展如此的影响，是因为资本市场不完善致使的融资困难的存在。有研发投入的财政扶持的公司可以向外部披露企业的发展状况以及技术价值等有利的信号，来降低双方不对等的信息，从而获得更多外部融资的机会，而没有研发投入的财政扶持的公司则会因为信息不对等程度高而得不到有利的融资机会，无法得到外部资金的充分支持，进而制约其发展。帕克（2014）研究发现政府不仅有一套自己选择目标补贴企业的方法，并且还可以通过构建的理论模型去吸引市场上的投资者，为其传递有价值的信息。如果高科技公司获得政府青睐而得到研发投入的财政扶持，那么该企业的融资限制就会被降低。基洛斯等（Quiroz et al.，2016）研究政府研发补贴与贷款融资的影响，研究发现研发补贴可以较好地促进长期贷款，但几乎不会对短期贷款和权益融资造成影响。

研发投入的财政扶持大部分情况下会对企业自身的绩效造成正面影响，因为其目的就是加强公司自身建设，促进企业发展（Quevedo et al.，2013；Zúñiga – Vicente et al.，2014；Yu et al.，2014）。研究人员调查后发现企业规模的大小会影响其受资助之后公司的发展状况。瓦尔斯滕等（Wallsten et.，2000）认为企业规模大小与受资助之后公司价值的提升程度呈正相关关系。策勒皮斯等（Tzelepis et al.，2004）对希腊政府扶持的上市公司的数据进行研究，结果表明政府扶持能够极大地帮助企业提升其偿债能力，单是对于其他比如获利以及提升效率方面的能力则微乎其微。科伦坡等（Colombo，et al.，2010）表明经过支付资助的中小企业可以提高自身投资率，并且能够大幅度降低下一年投资和自由现金流量的敏感性。塔卡洛等（Takalo et al.，2010）研究表明企业收到政府资助之后可以吸引一些潜在的投资者，降低公司自身资本消耗。

2.5　文献评述

在经济发展中，知识技术越重要，就越重视研发投资、财政扶持与企业绩效相关领域的研究。就研究对象而言，因为国外严格要求信息披露，各行业易获取企业研发投资的信息，所以企业绩效与研发投资的研究对象涉及的行业广泛。我国发展证券市场相对较迟，在企业信息披露上政府管制有待提高，特别是企业研发投资信息，现在只强制要求高新技术企业披露研发投资的信息，因此国内学者的主要研究对象是创业板的高新技术企业，战略性新兴产业相对少。研究方法层面，因为国外研究数理统计较为成熟，所以较多用实证方法从微观的角度来研究财政扶持、研发投资与企业价值之间的关系，而早期国内采用博弈论的方法较多，并在宏观上来研究三者之间的关系，之后受国外研究的影响，在研发投资对企业绩效以及财政扶持对研发投资影响方面采用回归的方法进行研究。在变量选择的层面上，企业绩效方面的研究国外较多使用托宾 Q 值，而我国衡量企业的业绩较多采用会计收益率。在研究结果层面上，因为研究方法及对象的差异，尚未达成结论的统一。

归纳国内外现有的研究成果得出，在干预战略性新兴产业发展中政府的作用尤为重要，可以为企业提供资金来源、降低失败风险、改善企业发展的外部环境等。企业面对巨额的研发投资，仅依靠内部融资难以满足其发展需求，但因为在知识和资源方面的局限性，外部投资者评估和定价无形资产较为困难，而且判断研发项目的潜在风险不够准确，进一步对研发项目质量的优劣程度进行识别，投资者更为青睐投资其他风险小的有形资产项目，且过多的外部融资会使其融资成本加大。因此，政府干预及引导已成为战略性新兴产业企业破解融资约束、健康持续发展的关键。现有研究在这个方面尚存在某些不足，具体如下：

第一，现有研究缺乏对战略性新兴产业研发投资回报滞后特征的考虑。现有文献大多关注本期的财政扶持和研发投资对于本期研发的影响，较少考虑由于外部环境等多方面原因导致的研发绩效未必能够及时显现。事实上，处于战略性新兴技术产业的企业，无论是来自核心竞争力提升的内部需求，还是宏观经济复苏、新技术增长点以及市场需求转型等外部推动，企业研发投资正日益成为提升企业价值和驱动经济可持续发展的决定性因素。然而，研发投资的特征有高风险、不确定性大、收益周期长，使得投资者研发投资的顾虑增加。企业不管是开展研发活动，还是把研发成果应用在新产品上并市场化，两者都需要较长的时间，而且不能带来即时的经济效益。研发投资的目的是为增加企业长期的市场效益，所以投资回报的滞后性较为显著。

第二，现有研究较少涉及地区外部影响因素对财政扶持下企业研发投资绩效的影响。事实上，财政扶持影响企业研发投资绩效的因素有很多，企业内部的因素固然重要，但是企业外部的影响因素往往也非常关键。涉及企业的外部影响因素，诸如地区金融发展程度、企业寻租行为、知识产权保护力度等是如何影响财政扶持和企业研发投资有待进一步验证。

第三，现有研究多将专利申请数或审批数作为企业研发投资的最终产出，忽略企业研发投资的价值创造的完整过程。任何研发活动都要经历漫长的试验过程，前期的研发投资要经过大量的试验才能最终投入工业化生产，才能获得稳定的市场，只有当研发出新产品投放市场获得市场份额时，研发的经营绩效和研发所带来的价值创造才能得以实现。

第3章 概念界定与制度背景

制度变迁与发展具有持续性和一致性。战略性新兴产业的概念源自2009年，而后经过市场不断地发展逐渐演变成支撑国家创新与发展的核心主体，在推动经济高质量发展与国家治理体系与治理能力现代化进程中扮演着重要角色。伴随着国家政策的大力扶持，财政扶持力度向战略性新兴产业逐渐倾斜，激励企业发挥出创新原动力，促进企业发展。本章的研究目的旨在清晰定义本书的相关概念，并梳理相关制度背景的发展脉络，厘清相关制度的演进趋势，以期为后续章节的展开奠定相应的概念基础与制度背景。

3.1 战略性新兴产业

3.1.1 战略性新兴产业的概念界定

《国务院关于加快培育和发展战略性新兴产业的决定》明确了我国对战略性新兴产业的最新定义："战略性新兴产业是以重大技术突破以及重大发展需求为基础，对经济社会全局和长远发展具有重大引领带动作用，知识技术密集、物质资源消耗少、成长潜力大、综合效益好的产业"。

3.1.2 战略性新兴产业的制度背景

2010年9月，《国务院关于加快培育和发展战略性新兴产业的决定》在国务院常务会议上审议通过，确定了节能环保、新一代信息技术、生物、高端设备制造、新能源、新材料、新能源汽车七大产业作为中国重点发展产业的战略性新兴产业。2012 年 12 月，为推动"十二五"国家战略性新兴产业发展规划顺利实施，满足统计上测算战略性新兴产业发展规模、结构和速度的需要，国家统计局制定《战略性新兴产业分类（2012）》（试行）。2017 年 1 月，为贯彻落实《"十三五"国家战略性新兴产业发展规划》引导全社会资金投向，国家发改委会同相关部门组织编制了《战略性新兴产业重点产品和服务指导目录》，进一步界定战略性新兴产业，并在《国民经济产业分类》的基础上对战略性新兴产业进行相应的分类定义。2018 年 11 月，国家统计局发布《战略性新兴产业分类（2018）》，在上述七大产业的基础上，又增加了数字创意产业和相关服务业两个产业，九大战略性新兴产业分类如表 3 - 1 所示。

表 3 - 1　　　　　　　　　　战略性新兴产业分类

战略性新兴产业第一层分类	战略性新兴产业第二层分类	战略性新兴产业第三层分类
节能环保产业	节能环保产业	高效节能产业，高效节能通用设备制造，高效节能专用设备制造，高效节能电气机械器材制造，高效节能工业控制装置制造，新型建筑材料制造
	先进环保产业	环境保护专用设备制造，环境保护监测仪器及电子设备制造，环境污染处理药剂材料制造，环境评估与监测服务，环境保护及污染治理服务
	资源循环利用产业	矿产资源综合利用，工业固体废物、废气、废液回收和资源化利用，城乡生活垃圾综合利用，农林废弃物资源化利用，水资源循环利用与节水
	节能环保综合管理服务	节能环保科学研究，节能环保工程勘察设计，节能环保工程施工，节能环保技术推广服务，节能环保质量评估
新一代信息技术产业	下一代信息网络产业	新一代移动通信网络服务，下一代互联网服务，下一代广播电视传输服务
	电子核心基础产业	通信设备制造，高端计算机制造，广播电视设备及数字视听产品制造，高端电子设备和仪器制造，基础电子元器件及器材制造，集成电路
	高端软件和新型信息技术服务	高端软件开发，新型信息技术服务

续表

战略性新兴产业第一层分类	战略性新兴产业第二层分类	战略性新兴产业第三层分类
生物产业	生物制品制造产业	生物药品制造，生物食品制造，生物燃油制造，生物农业用品制造，生物化工制品制造，其他生物制品制造
	生物工程设备制造产业	生物医疗设备制造，生物相关设备，仪器制造
	生物技术应用产业	农业生物技术应用，林业生物技术应用，畜牧业生物技术应用，渔业生物技术应用，环境治理生物技术应用，医疗卫生生物技术应用
	生物研究与服务	生物科学研究，生物技术推广服务，生物科技中介服务
高端设备制造产业	航空装备产业	航空装备制造，其他航空装备制造及修理
	卫星及应用产业	卫星装备制造，卫星应用技术设备，卫星应用服务
	轨道交通装备产业	铁路高端装备制造，城市轨道装备制造，轨道交通其他装备制造
	海洋工程装备产业	海洋工程装备产业
	智能制造装备产业	智能测控装备制造，重大设备成套制造，智能关键基础零部件制造
新能源产业	核电产业	核燃料加工，核电装备制造，核电运营维护
	风能产业	风力发电机组及零部件制造，风能发电运营维护
	太阳能产业	太阳能产品和生产装备制造，太阳能发电运营维护
	生物质能及其他新能源产业	生物质能及其他新能源设备制造，生物质能及其他新能源运营维护
	智能电网产业	智能变压器、整流器和电感器制造，电力电子基础产业
	新能源产业工程及研究技术服务	新能源产业工程施工，新能源产业工程勘察设计，新能源技术与咨询服务
新材料产业	新型功能材料产业	新型功能涂层材料制造，新型膜材料制造，特种玻璃制造，功能陶瓷制造，电子功能材料制造，其他新型功能材料制造
	先进结构材料产业	高纯金属材料冶炼制造，高品质金属材料加工制造，新型合金材料制造，工程塑料材料制造
	高性能复合材料产业	高性能纤维复合材料制造，其他高性能复合材料制造
	前沿新材料产业	纳米材料制造，生物材料制造，智能材料制造，超导材料制造
	新材料研究与技术服务	新材料研究服务，新材料技术服务

战略性新兴产业第一层分类	战略性新兴产业第二层分类	战略性新兴产业第三层分类
新能源汽车产业	新能源汽车整车制造	新能源汽车整车制造
	新能源汽车配置，配件制造	发电机及发电机组制造，新能源汽车电动机制造，新能源汽车储能装置制造，新能源汽车零部件配件制造
	新能源汽车相关设施及服务	供能装置制造，试验装置制造，新能源汽车研发服务
数字创意产业	数字创意技术设备制造	电影机械制造，广播电视节目制作及发射设备制造，广播电视接收设备制造，专业音响设备制造，应用电视设备及其他广播电视设备制造，电视机制造，音响设备制造，其他智能消费设备制造
	数字文化创意活动	数字文化创意软件开发，数字文化创意内容制作服务，新型媒体服务，数字文化创意广播电视服务，其他数字文化创意活动
	数字设计服务	工程设计活动，规划设计管理，工业设计服务，专业设计服务
	数字创意与融合服务	互联网广告服务，其他广告服务，科技会展服务，旅游会展服务，体育会展服务，文化会展服务，旅行社及相关服务，电子出版物出版
相关服务业	新技术与创新创业服务	研发服务，检验检测认证服务，标准化服务，其他专业技术服务，知识产权及相关服务，创新创业服务，其他技术推广服务
	其他相关服务	航空运营及支持服务，现代金融服务

3.2 财政扶持

3.2.1 财政扶持的概念界定

广义的财政扶持是指政府或其他公共组织直接或间接地将经济利益转移到微观市场实体（企业或个人）的行为，是一种转移支付手段。在会计理论层面上，一般是狭义的概念，是指企业从政府无偿取得的货币性资产以及非货币性资产。在本书中所探讨的财政扶持主要是会计研究中狭义的概念。本书根据上市公司年度报表附注中"营业外收入"项目,手工整理了披露了企业受到财政扶持的具体原因。参考熊和平(2016)、杨向阳(2014)以及余明桂(2010)的做法,该研究的数据来源于上市公司营业外收入项目年度报告附注中,包含政府对公司的直接资金资助等,不含税收优惠、土地出让以及其他获利等。

3.2.2　财政扶持的制度背景

财政政策是指通过变动财政支出和财政收入来改变社会总需求,从而提高就业水平,降低经济波动,防止通货膨胀,实现稳定增长的政策。财政政策主要包含对财政支出和财政收入两方面实施的政策。财政支出是政府购买商品和劳务、转移支付所发生的支出。其中,财政转移支付是包括中央向地方政府的拨款和地方向中央的缴款、存在双向往来资金关系的一种财政支出制度。我国财政转移支付体现在体制补助和上解、税收返还以及专项拨款三大方面,是财政支出的一大重要构成部分。财政收入是财政政策的另一组成部分,各级政府通过税收取得财政收入。政府在变动财政支出和财政收入的过程中,向企业或个人进行一般或专项财政转移支付,调节税基或税率的大小并给予政策性优惠来实现对企业、个人的财政扶持。我国政府通常通过设立政府投资基金、设立专项发展资金、给予财政补贴、加强政府采购以及政策性担保对企业或个人实施财政扶持政策(庄佳林,2011)。

(1)政府投资基金。政府投资基金是各级政府单独出资或与社会资本共同出资设立的、以股权投资的市场化运作方式引导社会资本投资于国家重点领域或产业的资金。根据出资主体的差异可将政府投资基金划分为政府直接投资和参股基金两种类型,但政府无论采取何种类型的投资方式,均属于对企业或产业的扶持政策;能够促进中小企业、新兴产业的持续发展,改善国家发展薄弱环节的现状。

我国早期的政府投资基金以政府引导基金的形式存在。20世纪80年代初期,国家开始发展产业投资和创业投资,但当时缺乏对创业投资基金和产业投资基金的明确定义。直至 2005 年中央十部委发布的《创业投资企业管理暂行办法》出台，才明确提出了支持国家和地方政府进行创业投资；接着国家发改委在《产业投资基金试点管理办法》（征求意见稿）里对产业投资基金做了明确说明，2006 年开始对《产业投资基金试点管理办法》开始征集意见。2007 年，国家便开始引导创业投资机构向初创期科技型中小企业进行投资，自此，国家由 2002~2008 年的政府引导基金政策实施试点阶段进入规范化运作阶段。其中，创业引导基金取得了较为全面的发展，推动了节能环保、生物与新医药、新能源、航空航天、新能源汽车、高技术服务业等战略性新兴产业及中小型创业企业的发展。

政府提供的资金扶持始终以"政府引导基金"呈现在大众面前，直至2015 年 11 月《政府投资基金暂行管理办法》颁布之后，"政府引导基金"更名为"政府投资基金"，政府投资的范围也逐步扩大到创业投资之外的领域。政府投资基金不断为创新企业、中小型企业、产业转型和升级、基础设施和公共服务业提供资金支持，已取得显著成效。

（2）专项发展资金。专项发展资金是国家为了服务专项事业所拨付的财政性资金，用于扶持企业发展或公共基础建设。近年来，中央财政根据国家的产业发展规划不断加大对财政扶持企业的专项资金投入力度，扩大财政支出专项转移支付的范围，分别对环境保护发展、中央财政服务业发展、中小型企业发展、可再生能源发展、战略新兴产业发展以及工业转型升级等方面实施财政扶持政策。国家在 21 世纪初期将收缴的排污费的 10% 作为中央环境保护专项资金，并相应设立专项资金管理制度，自 2004 年起运用中央环境保护专项资金支持"三河三湖"等重点地区的污染防治工作，其支持力度与成效在"十一五"期间尤为显著。2006~2010 年，中央对环境监管能力建设、集中饮用水源污染防治、区域环境安全保障、社会主义新农村小康环保行动建设、新技术新工艺推广应用等方面的 1600 多个项目提供近 90 亿元的专项资金扶持，有力推动了地方污染的防治与环境质量的改善，同时带动了"十二五"期间专项资金对环境保护扶持的发展（逯元堂，2011）。2015 年，财政部又颁布了《水污染防治专项资金管理办法》来贯彻落实党的十八大加强水污染防治和水生态环境保护的战略部署，提高财政资金的使用效益。

中央财政除大力扶持环境保护发展等公共项目，对企业的扶持力度也不容小觑。国家通过向中小企业提供财政援助来促进中小企业科技、就业、出口等方面的发展。1995 年执行的"星火计划"和 1999 年设立的"科技型中小企业创新基金"使中小企业逐步实现科学技术的"短平快"发展，2001 年相继设立的中小企业国际市场开拓资金和农业科技成果转化资金提高了中小企业参加境外活动的频率，加快了农业科技转化为生产力的速度。为促进中小企业实现更加全方位的发展，国家于 2003 年以法律的形式增设了中小企业发展专项资金及中小企业服务体系专项补助资金等资金项目（胡小毅，2009）。尽管中小企业专项基金在一定程度上促进了中小企业科技进步、实现了农业产业化、扩大了企业出口范围，但在初步探索阶段仍面临诸多实施问题，尤其是小微企业难以充分实现财政扶持资金的使用效益。近年来，国家不断完善中小企业专项扶持资金的管理活动来实现中小企业及小微企业服务、融资、创新等活动的健康良好发展，并于 2015 年出台《中小企业发展专项资金管理暂行办法》，明确规定了专项资金扶持范围。此外，国家对于工业转型、新能源、战略性新兴产业发展等都设立了相应的专项资金扶持制度。

（3）财政补贴。财政补贴是国家为实现特定的经济目标，针对特定事项为企业或个人提供资金的一种补贴，涵盖了税收优惠、加速折旧、投资抵免等补贴措施（庄佳林，2011）。税收优惠是较为常见的财政补贴方式，国家针对流转税、所得税及其他税种均制定了相应的税收优惠政策。其中，流转税税收优惠囊括了增值税、关税和消费税的优惠政策。2016 年，我国全面推进"营改增"政策的实施，在"营改增"前后均颁布多项增值税优惠政策。1993 年，国家对部分货物征税范围单独进行注释，截至 2016 年相继颁布了对一般纳税人农产品、进口图书、粮食、血站、医疗卫生机构、污水处理、农业生产资料、外国政府和国际组织无偿援助项目在华采购物资、农用运输工具、教育、税控收款机等方面的增值税减免优惠政策，以灵活的扶持政策调动了企业生产积极性，促进企业健康持续发展。2016 年"营改增"之后更是加大了增值税税基税率减免政策的力度，在科技孵化器、制药、学校等更多方面给予税收优惠，不断扩大增值税税收优惠的覆盖范围，直至 2019 年增值税税收优惠政策普及至小规模纳税人及海关特殊监管区域增值税一般纳税人试点企业。生产自用油企业除享受增值税税收优惠外，也能够享受免征生产自用油消费税的优惠。自 1993 年以来，流转税的税收优惠力度逐年加深，国家通过减少税收收入或进行税收返还来实现对企业和个人的财政扶持。

国家同样针对企业所得税和个人所得税制定了相应的优惠政策，相继为小型微利企业、高新技术企业、创业投资企业、外商投资企业、软件企业、技术先进性服务企业出台了企业所得税优惠政策。此外，国家在生产专用设备、资源综合利用、基础公共设施、节能节水和环境保护专用设备、农林牧渔、西部大开发、残疾人员安置等方面也都制定了较为细致的企业所得税优惠政策，极大地促进了企业资源的有效配置，调动了企业生产和销售的积极性。个人所得税优惠政策是所得税优惠的另一方面，同等反映出政府扶持的积极财政政策。城镇土地使用税与房产税税收优惠、加速折旧、投资抵税等政策的实施使财政补贴的力度更加深入，联合其他税收优惠政策最大化赋予了企业和个人财政扶持。

（4）政府采购。政府采购是政府为进行日常活动或为公众提供服务，以公开招标、有限竞争性采购等法定方式购买货物、劳务和工程的行为。政府通过采购中小企业的货物、劳务及工程能够向中小企业提供间接的资金支持。2009 年国务院号召要进一步促进中小企业的持续健康发展，为贯彻落实意见政策，财政部于 2011 年发布实施《政府采购促进中小企业发展暂行办法》，充分发挥了政府采购的政策功能，实现了对中小企业的财政扶持。随后陆续颁布的关于节能产品、环境标志产品的强制购买政策为部分生产节能产品和环境标志产品的企业直接带来了财政扶持资金。

（5）政策性担保支出。政策性担保是政府不以营利为目的，以直接或间接的方式出资，对中小企业进行融资担保、出口信用担保；对中低收入家庭住房进行置业担保；对下岗失业人员进行小额贷款担保、农业担保等行为（何展翔，2016）。2000 年，国家出台关于住房置业的担保政策，2013 年和2015 年，国家陆续出台了小额贷款担保、农业担保和融资担保方面的支持性政策。国家不断加大政策性担保力度，很大程度上缓解了中小企业融资压力及弱势人员的生活压力，促进了社会健康有序的发展。

综上所述，我国一直通过多样化及深入化的财政扶持政策缓解着中小企业、新兴产业、国家发展重点领域与薄弱环节的压力，推动着中国特色社会主义事业的持续健康发展。具体而言，我国财政扶持政策演进历程如表 3 - 2 所示。

表 3 - 2 　　　　　　　　　　我国财政扶持政策演进

类型	年份	具体政策
政府投资基金	2005	《创业投资企业管理暂行办法》
	2006	《产业投资基金试点管理办法》
	2007	《科技型中小企业创业投资引导基金管理暂行办法》
	2008	《关于创业投资引导基金规范设立与运作的指导意见》
	2011	《新兴产业创投计划参股创业投资基金管理暂行办法》
	2015	《政府投资基金暂行管理办法》
专项发展资金	1995	"星火计划"
	1999	"科技型中小企业技术创新基金"
	2001	中小企业国际市场开拓资金、农业科技成果转化资金
	2003	《排污费资金收缴使用管理办法》
	2004	财政部设立了中央环境保护专项资金
	2011	《三河三湖及松花江流域水污染防治考核奖励资金管理办法》
	2012	《工业转型升级资金管理暂行办法》
	2013	《国家科技计划及专项资金后补助管理规定》
	2014	《外经贸发展专项资金管理办法》《国家物联网发展及稀土产业补助资金管理办法》《财政部 住房城乡建设部 水利部关于开展中央财政支持海绵城市建设试点工作的通知》
	2015	《中央财政服务业发展专项资金管理办法》《中小企业发展专项资金管理暂行办法》《水污染防治专项资金管理办法》

续表

类型	年份	具体政策
财政补贴 （增值税）	1993 ~ 2015	《国家税务总局关于印发〈增值税部分货物征税范围注释〉的通知》《财政部 国家税务总局关于印发〈农业产品征税范围注释〉的通知》《财政部 国家税务总局关于中国图书进出口总公司销售给科研教学单位的进口书刊资料免征增值税问题的通知》《财政部 国家税务总局关于粮食企业增值税征免问题的通知》《财政部 国家税务总局关于血站有关税收问题的通知》《财政部 国家税务总局关于医疗卫生机构有关税收政策的通知》《财政部 国家税务总局关于污水处理费有关增值税政策的通知》《财政部 国家税务总局关于若干农业生产资料征免增值税政策的通知》《财政部 国家税务总局 外经贸部关于外国政府和国际组织无偿援助项目在华采购物资免征增值税问题的通知》《财政部 国家税务总局关于推广税控收款机有关税收政策的通知》 等
	2016 ~ 2019	《财政部 国家税务总局关于全面推开营业税改征增值税试点的通知》《财政部 国家税务总局关于科技企业孵化器税收政策的通知》《财政部 国家税务总局关于延续免征国产抗艾滋病毒药品增值税政策的通知》《财政部 国家税务总局关于国家大学科技园税收政策的通知》《国家税务总局关于小规模纳税人免征增值税政策有关征管问题的公告》《国家税务总局 财政部 海关总署关于进一步扩大赋予海关特殊监管区域企业增值税一般纳税人资格试点的公告》《财政部 国家税务总局关于延长小规模纳税人减免增值税政策执行期限的公告》 等
财政补贴 （消费税）	2010	《财政部 国家税务总局关于对成品油生产企业生产自用油免征消费税的通知》
	2014	《财政部 海关总署 国家税务总局关于横琴、平潭开发有关增值税和消费税政策的通知》
财政补贴 （所得税）	1994	《国家税务总局 关于印发〈征收个人所得税若干问题的规定〉的通知》
	2006	《国家税务总局关于个人独资企业变更为个体经营户是否享受个人所得税再就业优惠政策的批复》
	2008	《财政部 国家税务总局关于企业所得税若干优惠政策的通知》《国家税务总局关于非居民企业不享受小型微利企业所得税优惠政策问题的通知》《财政部 国家税务总局 安全监管总局关于公布〈安全生产专用设备企业所得税优惠目录（2008 年版）〉的通知》《财政部 国家税务总局 国家发展改革委关于公布资源综合利用企业所得税优惠目录（2008 年版）的通知》《财政部 国家税务总局 国家发展改革委关于公布公共基础设施项目企业所得税优惠目录（2008 年版）的通知》《关于公布节能节水专用设备企业所得税优惠目录（2008 年版）和环境保护专用设备企业所得税优惠目录（2008 年版）的通知》《国家税务总局关于贯彻落实从事农、林、牧、渔业项目企业所得税优惠政策有关事项的通知》

续表

类型	年份	具体政策
财政补贴（所得税）	2009	《国家税务总局关于实施高新技术企业所得税优惠有关问题的通知》《财政部 国家税务局关于安置残疾人员就业有关企业所得税优惠政策问题的通知》《国家税务总局关于实施创业投资企业所得税优惠问题的通知》《国家税务总局关于西部大开发企业所得税优惠政策适用目录问题的批复》《国家税务总局关于资源综合利用有关企业所得税优惠问题的批复》
	2010	《国家税务总局关于政府关停外商投资企业所得税优惠政策处理问题的批复》《财政部 国家税务总局住房和城乡建设部关于调整房地产交易环节契税个人所得税优惠政策的通知》
	2013	《国家税务总局关于执行软件企业所得税优惠政策有关问题的公告》
	2016	《财政部 国家税务总局 商务部 科技部 国家发展改革委关于在服务贸易创新发展试点地区推广技术先进型服务企业所得税优惠政策的通知》
	2019	《关于粤港澳大湾区个人所得税优惠政策的通知》
	2020	《关于海南自由贸易港企业所得税优惠政策的通知》
政府采购	2004	《节能产品政府采购实施意见》
	2006	《环境标志产品政府采购实施的意见》
	2007	《国务院办公厅关于建立政府强制采购节能产品制度的通知》
	2011	《政府采购促进中小企业发展暂行办法》
	2017	《三部门联合发布关于促进残疾人就业政府采购政策的通知》
政策性担保支出	2000	《建设部 中国人民银行关于印发〈住房置业担保管理试行办法〉的通知》
	2013	《关于加强小额担保贷款财政贴息资金管理的通知》
	2015	《国务院关于促进融资担保行业加快发展的意见》《关于财政支持建立农业信贷担保体系的指导意见》
	2019	《国务院办公厅关于有效发挥政府性融资担保基金作用切实支持小微企业和"三农"发展的指导意见》

资料来源：根据中国政府网相关资料整理。

3.3 研发投资

3.3.1 研发投资的概念界定

研发投资实际上是企业为实现创造性活动而进行的投资，包括研发成本、

研发人员以及信息和创新。现有的研发投资一般是指研发成本的投入，研发
费用支出是研发活动顺利发展的基本保证和物质基础。具体是指统计年度在
基础研究、应用研究、实验开发等方面的实际投入，包括原材料、管理费、
固定资产建设费、人力成本等，以及其他实际用于研究和测试以开展活动的
费用。简单的说，对于企业，研发投资特指在产品、材料、工艺、技术和标
准的研发过程中所投入的费用总额。

　　本书研究了财政扶持、研发投资与企业绩效之间的规律与联系，重点是
财务方面。因此，本书以研发成本的投资强度作为解释变量，以研发人员投
资作为控制变量引入实证模型。

3.3.2　研发投资的制度背景

3.3.2.1　企业研发投资税收优惠制度

　　（1）研发费用加计扣除的政策。企业研发费用的加计扣除使企业减轻税
负，节省更多资金用，能够有效促使企业加大对研发的自主投入，促进科技
的持续创新，支撑生产力的进步。1996 年最早出台了关于研发费用加计扣除
的相关政策，1996～2003 年，只有国有企业以及集体工业企业能够按照《财
政部 国家税务总局关于促进企业技术进步有关财务税收问题的通知》规定，
实现增长幅度在 10% 以上的各项研发费用在经过审批后按照实际发生额的
50% 在税前加计扣除。这不仅限制了享受政策优惠的对象，更是对研发费用
扣除的标准进行了 10% 的比例限制。为市场经济能够实现公平竞争，激发企
业研发热情，《财政部 国家税务总局关于扩大企业技术开发费加计扣除政策
适用范围的通知》允许所有满足一定条件的工业企业都可以享受加计扣除的
优惠，紧接着《财政部 国家税务总局关于企业技术创新有关企业所得税优
惠政策的通知》更是大力支持符合条件的内外资企业、大专院校等享受同
等优惠。两次主体范围的扩大着实推动了市场的健康发展，也重新燃起了
许多企业和科研机构的研发热情。1996～2007 年的企业研发费用相关税收
优惠政策均以通知或是决定形式呈现，而 2008 年的《中华人民共和国企业

所得税法》则是将其以法律形式呈现了出来，研发费用加计扣除的优惠政策在法律法规的规范下拥有了更加完整的体系。尽管新《企业所得税法》相较以前的税收激励政策更加系统和完善，但随着社会政治经济的发展仍然有需要改进的地方。2013 年 2 月国家便在部分自主创新试验区和综合区扩大研发费用扣除政策的实行，最终《财政部 国家税务总局关于研究开发费用税前加计扣除有关政策问题的通知》正式出台，宣告全国范围内均可实施该优惠政策，这在政策优惠享受对象上又是一大突破。2015 年 3 月，创新驱动发展战略进一步得到实施，《中共中央国务院关于深化体制机制改革加快实施创新驱动发展战略的若干意见》明确规定要加大对企业研发的支持力度，对企业研发费用的加计扣除规定加以完善。为更好地贯彻落实创新驱动发展战略，紧接着便对加计扣除政策进行大力修改，清晰列示了不能享受政策优惠的企业及研发活动，更在研发费用的界定范围中增加了兜底条款，使得政策的灵活性大大提升。同时，对研发费用的归集、备案的简化，以及增加 3 年追溯扣除功能几项重大变化着实提升了企业研发的热情和动力（《财政部 国家税务总局 科学技术部关于完善研究开发费用税前加计扣除政策的通知》）。随后几年间的政策也在频频修订，科技型中小企业最终的加计扣除比例高达 75%，国家的激励效果逐年显著。

（2）高新技术企业税收优惠政策。国家发展需要创新，高新技术企业一直是创新领域的佼佼者，其知识密集、技术密集的特点势必要给其带来发展便利。在国家政策上，高新技术企业享有：减按 15% 税率征收企业所得税；技术转让所得不超过 500 万元的部分，免征企业所得税；超过 500 万元的部分，减半征收企业所得税；亏损结转年限由 5 年延长至 10 年等一系列优惠。在地方政府也相继出台了一系列政策，例如深圳规定对于 2008 年 1 月 1 日以后注册成立经认定的国家高新技术企业，在享受国家"二免三减半"所得税优惠政策后 2 年内，按其缴纳企业所得税形成深圳地方财力部分 50% 予以研发资助；苏州工业园区对于通过高新技术企业认定的企业一次性奖励 10 万元。

（3）技术先进企业税收优惠政策。技术先进型服务业的发展促进了企业技术创新和技术服务能力的提升，增强了服务业的综合竞争力，国家就技术先进型服务业企业制定了一系列税收优惠政策。自 2009 年 1 月 1 日至 2013 年 12 月 31 日，北京、天津、上海、重庆、大连、深圳、广州、武汉、哈尔滨、成都、南京、西安、济南、杭州、合肥、南昌、长沙、大庆、苏州、无锡 20 个中国服务外包示范城市的技术先进服务企业以及江苏工业园区技术先进型服务企业减按 15% 的税率缴纳企业所得税，其发生的职工教育经费按不超过企业工资总额 8% 的比例据实在企业所得税税前扣除超过部分，准予在以后纳税年度结转扣除。《国务院关于促进外资增长若干措施的通知》将这一所得税政策推广至全国。

（4）技术转让企业税收优惠政策。除上述规定的不超过 500 万元部分免征企业所得税外，《财政部 国家税务总局关于将国家自主创新示范区有关税收试点政策推广到全国范围实施的通知》又扩充了技术转让认定范围，规定自 2015 年 10 月 1 日起，全国范围内的居民企业转让 5 年以上非独占许可使用权取得的技术转让所得，纳入享受企业所得税优惠的技术转让所得范围。

3.3.2.2　会计准则制度演进

会计准则对企业研发支出的确认、计量等方面做出了明确规定，在计算利润时与所得税法相辅相成，使得企业研发支出的处理更加严谨。较旧会计准则而言，2017 年新会计准则在是否予以资本化以及披露方面的新规定更加规范、切合实际。2001 年的会计准则要求企业的研发支出在无形资产申请并取得前发生的确认为费用，只有在取得时发生的费用才能够作为无形资产的成本。这对于跨期研发的无形资产而言，显然违背了一贯性原则，当第一年的研发支出费用化后，报表使用者无法真正了解到企业无形资产的价值，无论对企业的价值评估还是对使用者的决策都造成了一定影响。

为弥补缺陷，更切合实际，2006 年的《企业会计准则第 6 号——无形资产》将规定加以明确与细化。新准则将研发支出区分为计入管理费用的费用化支出和计入资产成本的资本化支出，并严明界定研究和开发两阶段，将研发支出处理方式严谨化。同时，对研发费用确认的相关标准、所占比例以及计量方式等方面具体披露的要求增强了企业研发投资活动的透明度，为报表使用者提供了更充分的财务信息。这一重大变化更切实地响应了税法中对于费用化支出按 50% 加计扣除，资本化支出按 150% 摊销的政策。

3.4　企业绩效

3.4.1　企业绩效的概念界定

本书所研究的企业绩效分为两类：一类是企业的短期财务绩效，另一类是企业的长期财务绩效。在以往的实证研究中，大部分关注的重点是盈利能力或其他个别指标。本书以"财务危机"作为对公司财务状况的综合评价方法。财务危机的程度取决于全面的财务信息，如公司的盈利能力、资产流动性以及财务杠杆（Johnstone and Bedard，2004）。因此，与单一盈利指标（ROA）相比，财务危机概念为公司业绩和财务状况提供了更全面的当前财务表现。盈利的公司也可能遇到现金流问题，无法偿还债务最终将无法生存，这将对公司的价值产生负面影响。本书用爱德华·奥特曼（Edward Altman）的 Z-score 得分值来衡量公司的财务表现（朱奈平，2014；Karimi，2018）。Z-score 模型从盈利能力、偿付能力、资产流动性等多方面综合反映了公司的财务状况。其计算公式如下：

$$Z\text{-}score = 1.0X_1 + 6.56X_2 + 3.26X_3 + 0.72X_4 + 0.99X_5$$

其中：X_1 = 息税前利润/资产总额；X_2 = 营运资金/资产总额；X_3 = 留存收益/资产总额；X_4 = 权益市值/负债账面价值；X_5 = 销售额/总资产。

3.4.2　企业绩效的制度背景

企业法人作为具体评价对象对企业绩效进行评价，主要关注盈利能力、

资产质量、债务风险和业务增长等方面，以准确反映上述情况，并与同行业
和规模以上平均水平对比的各项定量和定性指标，以期求得某一企业公正、
客观的评价结果。为对企业绩效进行科学合理的评价，1999 年 6 月，财政部
等四部委印发了《国有资本金绩效评价规则》，构建了 32 个指标的评价细则，
如表 3 - 3 所示。

表 3 ~ 3　　　　　　　　　企业绩效评价指标体系

评价内容	基本指标	修正指标	评议指标
财务效益状况	净资产收益率 总资产报酬率	资本保值增值率 销售（营业）利润率 成本费用利润率	领导班子基本素质 产品市场占有能力（服务满意度） 基础管理比较水平 在岗员工素质状况 技术装备更新水平（服务硬环境） 行业或区域影响力 企业经营发展策略 长期发展能力预测
资产营运状况	总资产周转率 流动资产周转率	存货周转率 应收账款周转率 不良资产比率 资产损失比率	
偿债能力状况	资产负债率 已获利息倍数	流动比率 速动比率 现金流动负债比率 长期资产适合率 经营亏损挂账比率	
发展能力状况	销售（营业）增长率 资本积累率	总资产增长率 固定资产成新率 三年资本平均增长率 三年销售平均增长率	

第4章 企业研发投资对企业绩效的影响

企业作为理性经济人，获得利润是其生存的根本动机。企业进行研发投资的根本目的是开发新产品或服务来促使企业绩效提升，最终达到利润最大化。长期来看，研发投资行为势必带来企业绩效的提升。基于以上问题的思考，本章将依据我国战略性新兴产业发展现状与战略性新兴产业企业研发投资特征，从总体特征、行业特征、地区特征以及其他维度特征等多种视角对我国战略性新兴产业研发投资现状进行系统的梳理。在此基础上，以战略性新兴产业的企业为研究对象，通过企业研发投资对企业绩效的影响进行理论分析、研究设计和实证检验。

4.1 战略性新兴产业企业研发投资现状分析

4.1.1 战略性新兴产业研发投资总体特征

为进一步刻画我国战略性新兴产业研发投资的分布特征，本书分别从总体分布、行业分布、地区分布以及企业异质性 4 个层面，对我国战略性新兴产业研发投资进行统计性描述。本书数据全部来自 Wind 资讯金融终端，选取 2009～2017 年连续 9 年 A 股上市的、与战略性新兴产业相关的企业财务数据作为初始样本，包括新一代信息技术、新能源、新材料、生物、高端装备制造、节能环保、新能源汽车、数字创意、相关服务业九大领域。样本数据必须有完整的研发投入数据、财政扶持的明细数据，缺失的样本数据予以剔除。通过筛选，剔除了 734 个数据缺失的样本数据，选择 9 年 739 个战略性新兴上市公司的 6648 个样本作为研究对象，所剔除的数据不影响样本的代表性。

　　本书选取 3 个指标来衡量研发投资强度，即研发投资强度用研发费用占营业收入的比值、研发费用占净利润的比值以及研发费用占固定资产净值的比值，在对我国战略性新兴产业研发投资的总体分布特征进行梳理后，具体结果如表 4 - 1 所示。

表 4 - 1　　　　　2009～2017 年我国战略性新兴企业研发投资强度统计

年份	研发费用（亿元）	营业收入（亿元）	固定资产净值（亿元）	资产总计（亿元）	研发投资强度（%）		
					按营业收入	按固定资产净值	按净利润
2009	184. 81	8591. 96	2047. 57	12670. 24	2. 15	9. 03	1. 46
2010	348. 70	28714. 46	9318. 87	82187. 07	1. 21	3. 74	0. 42
2011	492. 38	30349. 45	10598. 95	70673. 74	1. 62	4. 65	0. 70
2012	760. 91	32953. 52	12414. 45	89238. 13	2. 31	6. 13	0. 85
2013	906. 13	49687. 70	13886. 95	217743. 58	1. 82	6. 53	0. 42
2014	1107. 90	62620. 45	17742. 13	454341. 97	1. 77	6. 24	0. 24
2015	1352. 29	72488. 75	18842. 96	542597. 83	1. 87	7. 18	0. 25
2016	1574. 94	78330. 46	21448. 63	604853. 39	2. 01	7. 34	0. 26
2017	1936. 55	81238. 11	21380. 18	413054. 81	2. 38	9. 06	0. 47

　　根据表 4 - 1 可以看出，2009～2017 年，我国战略性新兴产业研发投资总体特征如下：第一，战略性新兴产业在研发经费投入方面逐年保持增长态势，研发投资强度逐年提高，研发费用由 2009 年的 184. 81 亿元增加到 2017 年的 1936. 55 亿元，年均增长率为 105. 31%。第二，虽然整体上研发投资总额呈逐年增长趋势，但研发投资强度仍具有不稳定性。例如，2013 年按营业收入所得研发投资强度由 2. 31% 跌落全 1. 82%，按净利润所得研发投资强度由 0. 85% 降至 0. 42%。第三，我国目前新兴产业的研发工作已经得到高度关注，投入力度也越来越强，但和发达国家相比依旧存在很大悬殊。发达国家企业研发经费已达 2% 以上，而我国仅占 1. 95%。作为创新型国家，较高的研发技术投入是基本要求，即研发投资支出超出国家 GDP 的 2%。

4.1.2 战略性新兴产业研发投资行业分布

2018 年 9 月，《国务院关于加快培育和发展战略性新兴企业的决定》将战略性新兴企业界定的九大领域：节能环保、新一代信息技术、生物、高端装备制造、新能源、新材料、新能源汽车、数字创意、相关服务业。本书依据该文件划分的领域进行研究。这 9 个战略性新兴产业的研发投资现状如表 4 - 2 所示。

表 4 - 2　　　　2009 ~ 2017 年战略性新兴产业研发投资行业分布状况

序号	行业领域	行业总研发投入（亿元）	年均投入		企业数		企业平均投入（万元）	行业总营业收入（亿元）	年均营业收入（亿元）	研发投资强度（%）
			金额（亿元）	占比（%）	企业数（家）	占比（%）				
1	节能环保产业	450.96	50.16	0.05	86	0.12	645.70	14842.77	1649.20	3.04
2	新一代信息技术产业	2284.63	253.85	0.26	212	0.29	1335.24	71526.79	7947.42	3.19
3	生物产业产业	567.24	63.03	0.07	59	0.08	1189.25	12525.02	1391.67	4.53
4	高端装备制造产业	1772.71	196.97	0.20	47	0.06	4656.50	51336.55	5704.06	3.45
5	新能源产业	840.51	93.39	0.10	98	0.13	1060.50	31303.54	3478.17	2.69
6	新材料产业	231.27	25.70	0.03	49	0.07	580.14	17780.23	1975.58	1.30
7	新能源汽车产业	1715.70	196.97	0.20	37	0.05	5844.81	8540.26	948.92	20.09
8	数字创意产业	344.38	38.26	0.04	87	0.12	491.14	16537.73	1837.53	2.08
9	相关服务业	457.22	50.80	0.05	64	0.09	883.48	14371.96	1596.88	3.18
10	总计	8664.62	969.13	1.00	6648	1.00	16686.76	238764.85	26529.43	3.63

注：研发投资强度为研发投资占企业营业收入比值。

通过表 4 - 2 可以得到，2009 ~ 2017 年，我国战略性新兴产业研发投资行业分布特征如下：第一，研发投资总额较高，但投入行业分布严重不均衡。一般认为，企业研发投资的比重显著影响企业的技术效率，各企业只有不断加大研发投资力度才能在激烈的竞争环境中保持行业领先地位。新一代电子信息技术、新能源汽车与高端装备制造业在投入规模上占据领先地位，年均投入占比分别高达 26%、20%、20%，明显存在分行业高度集中的现象。

第二，九大类战略性新兴产业对研发投资活动的力度均有不同程度提高，但各个产业研发投资强度大小不一，整体还需加强。新一代电子信息产业、高端装备制造业、新能源汽车产业在研发投资力度上已属于领先地位，而新材料产业和生物产业研发投资占比为3%和7%，明显低于战略性新兴产业平均水平。总之，各个产业的研发投资强度仍有很大提升空间。

4.1.3　战略性新兴产业研发投资地区分布

本书选取了分布30省份的战略性新兴产业的企业研发投资作为样本（30省份界定为三个地区：东部地区包括北京、上海、天津、江苏、浙江、河北、福建、山东、广东和海南；中部地区包括安徽、黑龙江、吉林、辽宁、山西、江西、河南、湖南和湖北；西部地区包括广西、重庆、四川、贵州、云南、陕西、甘肃、青海、宁夏、新疆和内蒙古），从样本数据可以看出，我国战略性新兴企业的研发投资在地区分布上表现出巨大的区域性差异，如表4-3所示。

表4-3　　　　2009～2017年我国战略性新兴企业研发投资地区分布

省份	地区研发投入（亿元）	年均投入		企业数		研发投资强度（%）	总营业收入（亿元）	年均营业收入（亿元）
		金额（亿元）	比重（%）	数量（家）	比重（%）			
北京	1859.53	206.61	21.46	116	15.72	1.53	121403.91	13489.32
天津	35.25	3.92	0.41	6	0.80	2.34	1507.22	167.47
河北	205.98	22.89	2.38	9	1.25	3.14	6556.71	728.52
山西	44.63	4.96	0.52	5	0.65	2.52	1771.36	196.82
内蒙古	10.31	1.15	0.12	2	0.24	1.46	704.05	78.23
辽宁	145.87	16.21	1.68	13	1.81	3.47	4209.02	467.67
吉林	29.15	3.24	0.34	7	0.93	2.14	1363.92	151.55
黑龙江	54.18	6.02	0.63	8	1.13	2.40	2260.09	251.12
上海	1147.36	127.48	13.24	63	8.53	1.35	84721.82	9413.54
江苏	436.29	48.48	5.04	68	9.25	2.31	18894.72	2099.41

省份	地区研发投入（亿元）	年均投入		企业数		研发投资强度（%）	总营业收入（亿元）	年均营业收入（亿元）
		金额（亿元）	比重（%）	数量（家）	比重（%）			
浙江	618.03	68.67	7.13	79	10.65	3.93	15713.80	1745.98
安徽	216.57	24.06	2.50	18	2.47	3.26	6648.27	738.70
福建	227.21	25.25	2.62	29	3.91	1.39	16361.50	1817.94
江西	55.00	6.11	0.63	9	1.28	1.87	2948.53	327.61
山东	613.10	68.12	7.08	33	4.48	2.82	21709.51	2412.17
河南	42.40	4.71	0.49	11	1.53	3.54	1197.22	133.02
湖北	277.75	30.86	3.21	21	2.84	4.16	6675.66	741.74
湖南	195.05	21.67	2.25	19	2.51	2.85	6853.08	761.45
广东	1563.33	173.70	18.04	140	18.97	1.69	92360.92	10262.32
广西	24.46	2.72	0.28	8	1.08	3.72	657.17	73.02
海南	11.44	1.27	0.13	4	0.50	1.70	671.68	74.63
重庆	253.75	28.19	2.93	7	0.96	3.78	6715.96	746.22
四川	309.93	34.44	3.58	28	3.75	2.54	12222.87	1358.10
贵州	36.75	4.08	0.42	5	0.66	1.99	1843.06	204.78
云南	37.25	4.14	0.43	3	0.47	4.33	859.84	95.54
陕西	110.96	12.33	1.28	13	1.77	0.30	36401.25	4044.58
甘肃	18.34	2.04	0.21	6	0.80	1.91	961.96	106.88
青海	1.01	0.11	0.01	1	0.12	0.14	715.15	79.46
宁夏	7.01	0.78	0.08	1	0.14	6.81	102.91	11.43
新疆	77.00	8.56	0.89	6	0.81	2.83	2722.82	302.54

注：研发投资强度为研发投资占企业营业收入比值。

通过表4-3可以得到，2009~2017年，我国战略性新兴产业研发投资地区分布特征如下：第一，战略性新兴企业主要集中在发达地区，东部沿海地区和经济发达地区在产业基础上占据优势，且拥有雄厚的资金实力，人力资源广泛，具有一定区位竞争优势。而中、西部城市在资金、资源、人才方面都相对薄弱。战略性新兴企业数量最多的北京，年均研发投资为206.61亿元，位居第一位，占比重21.46%。其次为广东、上海、浙江、山东、江苏5

个省份，可以看到东部地区占据了前 6 位。第二，各地区研发投资强度基本与地区经济发展水平紧密联系，经济水平领先的地区往往研发投资强度也高。第三，东部地区发达省份战略性新兴产业布局相对较为均衡，中、西部省份相对落后，分布差异较为明显。

4.1.4　其他维度特征下企业研发投资分布

4.1.4.1　不同规模下企业研发投资分布

研发活动离不开充足的资金支持，并且由于企业投资创新活动可能面临亏损风险，大规模企业应对研发活动风险的能力更强，小企业相对规模较大的企业更容易陷入财务危机而处于劣势。通常把 3 个指标作为划分企业规模的标准，即企业的"销售额""从业人员数""资产总额"。本书选取第三种方式，根据企业注册资本将所有战略性新兴产业的企业分为 10 组，探究企业研发投资的分布，具体结果如表 4 - 4 所示。

表 4 - 4　　　　　2009 ~ 2017 年不同规模的企业研发投资分布

企业规模	研发投资（亿元）	比重（%）	企业数		平均投入（万元）	营业收入（亿元）	研发投资强度（%）
			数量（家）	比重（%）			
3 亿元以下	312.93	3.61	105	15.12	3113.73	7900.79	3.96
3 亿 ~ 5 亿元	603.63	6.97	129	18.47	4915.55	13840.47	4.36
5 亿 ~ 10 亿元	1367.28	15.78	216	29.24	7033.33	37353.65	3.66
10 亿 ~ 20 亿元	1634.10	18.86	151	21.86	11246.39	57163.69	2.86
20 亿 ~ 30 亿元	956.57	11.04	40	5.49	26207.40	35772.56	2.67
30 亿 ~ 40 亿元	406.25	4.69	19	2.62	23347.70	18780.32	2.16
40 亿 ~ 50 亿元	352.71	4.07	13	1.73	30670.43	13111.04	2.69
50 亿 ~ 60 亿元	92.50	1.07	11	1.04	13405.80	46948.67	0.20
60 亿 ~ 70 亿元	288.87	3.33	8	1.02	42480.88	18854.64	1.53
70 亿元以上	2649.79	30.58	47	6.42	62055.97	237503.13	1.12

注：研发投资强度为研发投资占企业营业收入比值。

通过表 4 - 4 可以得到，2009 ~ 2017 年，不同规模的战略性新兴产业研发投资分布特征如下：企业规模跟企业研发投资有较强的正相关关系，相对而言，企业规模越大，平均研发投资越高。注册资本在 70 亿元以上的企业只有 47 家，占调查总体企业数的 6.42%，但研发投入却占总体的 30.58%，注册资本在 20 亿～60 亿元的企业规模超过一定范围，随着规模的增大，研发投资强度反之回落。企业规模为 20 亿～30 亿元、30 亿～40 亿元、40 亿～50 亿元、50 亿元～60 亿元时，平均研发投资分别为 26207.40 万元、23347.70 万元、30670.43 万元、13405.80 万元。企业规模在 20 亿以下，小企业比大企业有更高的研发投资强度，可能是因为随着企业规模的扩大，企业的灵活性和适应性会降低，从而削弱创新能力，企业研发投资降低，也可能是企业规模与研发投资之间并非简单的线性关系，而是非线性的。

4.1.4.2 不同性质企业研发投资分布

为了分析不同性质的战略性新兴产业企业的研发投资分布状况，本书选取了中央国有企业、地方国有企业、集体企业、公众企业、民营企业、外资企业以及其他企业七大类。由于企业投资创新活动可能面临亏损风险，大规模国有企业应对研发活动风险的能力更强，小企业私营相对规模较大的企业更容易陷入财务危机而处于劣势。如表 4-5 所示，在 739 家调查企业总体中，民营企业占比大，比重为 59.18%；研发投资资金与国有企业投入基本持平，民营企业研发占 35.57%，中央国有企业占 24.5%，地方国有企业占 24.91%。但是民营研发投资强度明显高于中央国有企业，民营企业研发投资强度 4.17%，外资企业 3.81%，中央国有企业 1.78%。从样本数据可以看出，国有企业经营规模大，但研发投资强度不够，需要加大研发投资。

表 4-5　　　　　　　2009～2017 年不同性质的企业研发投资分布

企业类型	研发投资（亿元）	比重（%）	企业数		平均投入（万元）	营业收入（亿元）	研发投资强度（%）
			数量（家）	比重（%）			
中央国有企业	2123.04	24.50	93	12.61	25334.61	118994.64	1.78
地方国有企业	2158.10	24.91	125	16.86	19251.56	124384.49	1.74
集体企业	156.60	1.81	3	0.35	68086.96	7732.47	2.03

企业类型	研发投资 （亿元）	比重 （%）	企业数		平均投入 （万元）	营业收入 （亿元）	研发投资强度 （%）
			数量（家）	比重（%）			
公众企业	1032.65	11.92	61	8.23	18878.43	117278.34	0.88
民营企业	3081.88	35.57	437	59.18	7833.96	73926.57	4.17
外资企业	44.68	0.52	10	1.29	5195.35	1172.83	3.81
其他企业	67.68	0.78	11	1.49	6836.36	1485.50	4.56

注：研发投资强度为研发投资占企业营业收入比值。

4.1.4.3　不同股权结构企业研发投资分布

为了分析不同股权结构的战略性新兴企业的研发投资分布状况，本书选取大股东持股比例作为因子，将范围界定为 20% 以下、20%～40%、40%～60%、60%～80%、80% 以上 5 个区间，如表 4-6 所示。通过表 4-6 可以得到，2009～2017 年，不同股权结构的战略性新兴产业研发投资分布特征如下：企业第一股东持股比例大多数集中在 40%～80%。样本选取的 739 家企业中仅有 31 家企业大股东持股比例在 80% 以上。可以看出，研发投资总额随着大股东持股比例的增高而增大，大股东持股比例超出 80% 的企业占全部样本数额的 4.17%，但研发投资却占总投入的 15.56%，也就是说 1/25 的企业占据了近 1/6 的研发投资。研发投资强度却随着大股东持股比例的增加而减弱，由 2.29% 降低到了 1.14%。

表 4-6　　　　　　**2009～2017 年不同股权企业结构的研发投资分布**

大股东持股比例	企业数		研发投入 （亿元）	年均投入		营业收入 （亿元）	研发投资强度 （%）
	数量 （家）	比重 （%）		数额 （亿元）	占总投入比重 （%）		
20% 以下	10	1.34	25.96	2.88	0.30	1131.93	2.29
20%～40%	142	19.25	1010.26	112.25	11.66	45599.62	2.22
40%～60%	303	41.02	3202.81	355.87	36.96	140582.57	2.28
60%～80%	253	34.22	3077.55	341.95	35.52	139436.37	2.21
80% 以上	31	4.17	1348.04	149.78	15.56	118223.37	1.14

注：研发投资强度为研发投资占企业营业收入比值。

4.2　企业研发投资对企业绩效影响的理论分析

企业选择研发投资，促使产品或服务在质量和数量上的变化，引起企业研发产出的变化，再由研发产出的市场化完成研发投资到企业价值的最终转换。这一企业研发投资的价值创造并不是在短期内就结束，而是周而复始形成良好的企业发展模式。研发活动受技术和理论发展的制约，研发周期较长。企业研发投资很复杂，开始就一定会经历失败，而后突破，再然后见证新的技术，见证新产品的出世。这一过程使价值创造在短期内无法实现。换句话说，研发是需要很长时间的实验，早期需要很大的精力进行试验才可以进行大规模的生产，生产工业化才能有广阔的市场，企业才可以盈利。所以研发的效益不一定立即就实现，往往要经过一段时间；相反如果不研发新的产品，企业就不会实现价值的提升。

许多研究结果表明企业研发投资会显著降低企业当期价值。这主要是因为研发项目的不确定性及研发投资的极大部分费用化的会计处理方式会影响资本市场上投资者对企业研发投资活动的正确估值。安同良等（2009）通过建立信息不对称的动态博弈模型，发现中央的财政补助对于促进企业研发、支持企业进行技术创新，在某些情况下其效果是不明显的，这主要是由于政府在信息不对称条件下无法正确甄别企业发送的"虚假"的创新类型信号，从而产生"逆向"的激励作用。张玉臣和杜千卉（2017）通过对2011～2013年757家上海高新技术企业的面板数据进行系统分析，得出企业研发投资与企业创新绩效之间的影响关系，实证发现，企业科研经费的增加与科技人员的投入并非越多越好，盲目增加反而会降低科研经费的利用效率，造成企业创新绩效的下降。研发活动的成功与否难以预测，具有较大的不确定性，且成功概率极低。研发投资期限长，受制约因素多，因此极易受到外界因素影响而造成研发活动失败。

研发需要很高的条件，比如团队的工作效率、核心人员的水平、资金的限制等。研发投资实际上是企业为了实现创造，研发投入必不可少，只有充足费用的投入才能顺利开展研发活动。研发费用，再具体一点就是每年用于新产品开发的各种成本费用的总和，包括材料、成本、职工薪酬等范畴。会计准则规定研发支出分为资本化支出和费用化支出，资本化支出是直接计入无形资产或是固定资产，而费用化支出是每年计入当期损益的，会减少当期利润，而且只影响当期利润。企业前期因研发投资造成大量"现金流出"的现象，而企业短期绩效反映的是以会计利润为基础的效益，在多数研究文献中都使用会计指标来衡量，会计指标往往通过以当期财务数据为依据，通过资产净利率、主营业务利润率、销售增长率等指标表现。为此，本书提出假设 4.1：

假设 4.1　企业研发投资对当期企业绩效影响不显著

新经济增长理论认为经济增长根源于经济体系内部，强调研发活动、劳动分工与专业化、知识的外部性等新问题的研究，并为跨国差异性、人均收入与经济增长率研究提供新的方向。企业研发方面的投资对于企业价值创造有两方面重要的意义：其一，研发活动可以促进技术的进步，研发会推动企业产出核心技术，而别人难以模仿，这会提高企业的竞争优势，推动企业高速成长和进一步的科技创新。其二，整合企业的生产要素、协调各种资源，可以有效提升现有资源的利用率，进而降低边际生产成本，降低企业的生产经营成本。另外，研发投资使得新产品种类、数量不断增多，技术水平逐渐提升，从而对整体经济起正向影响作用。研发投资使得产品和服务质量提高，进而淘汰掉那些产品质量低的企业，以使整体行业技术水平有所上升。企业通过研发投资活动可以获得知识和经验，知识和经验的枳累构成企业技术创新的基础。

一旦企业可以有效预测市场的走向，不仅可以领先其他企业进行科技创新，着力进行研发、新产品的设计；并且可以采取适当的销售战略，快速占据市场份额，提高产品质量，实施差异化战略，保持企业的竞争优势。通过加大研发投资资金，提高生产技术、改进产品、降低成本保留住老客户并吸引新客户，扩大市场份额获取更多的利润，最终体现在不断攀升的企业绩效上。可见，企业选择进行研发投资，所诱发的技术创新在未来一段时间内可以使其独享由差异化的产品所带来的垄断租金，从而获得超额利润，改善财务绩效。

因此，研发投资的价值创造并不是在短期内结束，而是周而复始形成良好的企业发展模式。企业一定要了解顾客的需求，并开发出顾客喜爱并且中意的产品，以市场为导向，进行新产品的研发。新经济增长理论指出：当经济处于低迷的时候，通过优胜劣汰的竞争机制淘汰一些生产效率较低的企业，或者有一些创新企业诞生，那么整个经济环境就会有新的气象，而这些行业利润丰厚时又会吸引其他行业的资本进入这个行业中，利润也就随之下降，回到最初的起点。所以经济的变化过程是一个周期，由盛转衰又由衰到盛，不断打破之前的模式，不断进行新的结构创新、新技术、新工艺、新产品的竞争也就是成本和质量的竞争。随着研发项目的进行，更多的信息被传递给投资者，改变投资者前期对研发活动价值创造的低估。另外，通过持续研发投资，各阶段研发投资的累积效应会逐渐凸显。为此，本书提出假设 4.2：

假设 4.2　企业研发投资会显著提升未来的企业绩效

4.3　研发投资对企业绩效影响的研究设计

4.3.1　数据来源及变量选取

本书选取 2009～2017 年连续 9 年 A 股上市的、与战略性新兴产业相关的企业财务数据作为初始样本[①]，包括新一代信息技术、新能源、新材料、生物、高端装备制造、节能环保、新能源汽车、数字创意、相关服务业共 9个子行业。由于 2007 年会计准则和审计准则出台新的规定，为了保证数据

---

① 数据来自 Wind 资讯金融终端和国泰安数据库。

统计口径的统一，选取 2007 年新会计准则实施两年后的数据作为样本初始时期。根据研究需要对样本进行预处理：一是去除样本数据中非正常营业的数据，将数据库中的样本分为撤销、筹建、营业、停业等；二是剔除研发投入、财政扶持等重要指标数据为空的样本；三是剔除财务报表信息披露不完整的数据样本；四是销售费用与研究开发费用，总资产与研究开发费用，销售收入与利润总额的比率，小于 1 的需要剔除，因为不合常理；五是为了消除异常值的影响，对连续变量进行 1% 和 99% 分位数的缩尾处理。

经过以上筛选，剔除了 734 个数据缺失的样本数据，选择 9 年 6648 个战略性新兴产业的上市公司样本作为研究对象，所剔除的数据不影响样本的代表性。本部分所需解释变量、被解释变量和控制变量选取及定义如下。

4.3.1.1　解释变量

企业研发投资强度（*rd*）：企业研究投入/企业营业收入，其中研发投入用 Wind 数据库中"研发费用"的百分比表示。企业研发投资指标不是上市公司强制披露的信息，样本数据有些可以从 Wind 数据库中直接得到，其余无法直接获得的数据可以从企业的财务报表中的管理费用里面的研发费用中的费用化支出，还有无形资产中已经资本化计入无形资产成本的研发支出获得（刘振，2014；李伟，2014；蒲文燕，2016；孙晓华，2017）。

4.3.1.2　被解释变量

企业绩效（*fp*）：本书所研究的企业绩效分为两类：一类是企业的短期财务绩效，另一类是企业的长期财务绩效。在以往的实证研究中，大部分关注的重点是盈利能力或其他个别指标。本书以"金融危机"作为对公司财务状况的综合评价方法。金融危机的程度取决于全面的金融信息，如公司的盈利能力，资产流动性和财务杠杆（Johnstone and Bedard，2004）。因此，与单一盈利指标（*roa*）相比，财务危机概念为公司业绩和财务状况提供了更全面的当前财务表现。盈利的公司也可能遇到现金流问题，无法偿还债务最终将无法生存，这将对公司的价值产生负面影响。本书借鉴朱乃平等（2014）的做法，采用爱德华·奥特曼的 Z-score 得分值代表企业当下的财务绩效。

4.3.1.3 控制变量

（1）公司规模（ln_asset）：由于规模较大的企业因融资便利、资本充足而可能投入更多的研发费用，因此将其作为控制变量（Wallsten，2000；Mendigorri，2016；Peng，2016；张彩江，2016；杨国超，2017），通过"资产总计"的对数进行衡量，数据来源于 Wind 数据库的"资产总计"。

（2）资产负债率（lev）：资产负债率反映公司的资本结构，而公司资本结构是公司计算投资项目贴现率的基础，可以衡量公司的风险状况。因此，对科研投入也会受到一定的影响，所以资产负债率也是控制变量（Tzelepis，2004；王燕妮，2013；吴祖光，2013；刘行，2014；许罡，2017），数据可以在 Wind 数据库中找到。

（3）资本密集度（cap）：资本密集度 = 固定资产净额/企业员工数 × 100%，相对于劳动密集型企业，资本密集型企业可能更注重企业研发投资，因而有理由将资本密集度纳入控制变量（Lichtenberg，1987；Verspagen，1997；欧阳峣，2012；Moreau，2013；Ortgiese，2016），数据来源于 Wind 数据库中"固定资产净额"和"员工总数"。

（4）企业年龄（age）：企业上市后会更加严格要求自己，对企业的创新能力会提出更高要求，成立时间长的企业在资本上存在优势，而新企业顺应时代发展，在创新方面又需要很多财政政策扶持，因此，企业年龄对其创新与研发行为也会产生影响（Philips，1966；周亚虹，2007；周宏，2014；张延禄，2015；张玉明，2016），选择企业的累计上市年份作为数据，数据来源于 Wind 数据库中"成立日期"。

（5）销售净利率（net）：销售净利率 = 净利润/销售额 × 100%，企业获得利润越高，可支配金额数量越大，为提高企业的竞争力，需要大量资金投入研发，因此，有理由认为销售净利率的提高对企业研发投资具有正向影响作用（Zúñiga-Vicente，2014；Jaisinghani，2016；HsiaoFen，2017；Jung，2017；汤二子，2012），数据来源于企业财务报表中的"净利润率"。

（6）净资产收益率（*roe*）：净资产收益率是体现股东权益的收益水平指标，在研究企业研发投资水平时，带来的收益很大程度上反映在净资产收益率中，所以将其纳入控制变量的范围（Verspagen，1997；Moreau，2013；欧阳峣，2012；沈能，2013；朱焱，2013），数据来源于公司财务报表中的"净资产收益率"。

（7）前十大股东持股比例（*shold*）：前十大股东持股比例反映了股权集中程度，前十大股东持股比例越高，公司股权越集中。在公司决策时，公司股权过于集中会对公司研发投资决策造成影响，进而造成公司利益的损失，因而将其纳入控制变量的范围（Freeman，1984；Aboody，2000；Tzelepis，2004；Dalziel，2011；翟淑萍，2016），数据来源于 Wind 数据库中"前十大股东持股比例"。

（8）科研人员数量（*st*）：科研人员数量在一定程度上反映了企业科研规模的大小，对科研投入也会造成影响，因此加入科研人员数量作为控制变量（安同良，2009；封伟毅，2012；Taymaz，2013；陈凯华，2012；Hosseini，2017），数据来源于 Wind 数据库中"科研人员数量"。

此外，本书还对企业的产权性质、行业和所在地区进行控制，其中产权性质（*pror*）除较其他文献区别国有和非国有外，对样本企业还进一步区分为中央国有、地方国有、公众、民营、外资和其他；行业（*group*）则分别依据节能环保、新一代信息技术、生物、高端装备制造、新能源、新材料、新能源汽车、数字创意、相关服务业 9 个子行业对样本企业进行行业划分；地区（*prov*）则将我国 31 个省份界定为东部地区、中部地区和西部地区。本章节变量的定义及说明如表 4-7 所示。

表 4-7 变量定义及说明

变量类型	变量名称	变量代码	变量含义及说明
被解释变量	企业绩效	fp	企业的财务绩效指数,采用 *Edward Altman* 的 *Z-score* 得分值代表企业当下的财务绩效
解释变量	企业研发投资强度	rd	企业研发投资/企业营业收入×100%
控制变量	公司规模	ln_asset	公司资产总额取对数
	资产负债率	lev	负债总计/总资产×100%
	资本密集度	cap	固定资产净额/企业员工数×100%
	企业年龄	age	企业上市的年限
	销售净利率	net	净利润/销售额×100%
	净资产收益率	roe	税后利润/所有者权益×100%
	前十大股东持股比例	$shold$	企业内前十大股东持股比例总和
	科研人员数量	st	参与科技研发的人员数量
	行业	$group$	$group1 \sim group9$ 分别代表 9 类不同行业,考虑共线性问题,主模型中只加入 $group1 \sim group8$ 共 8 个虚拟变量,分组讨论时会全部考虑
	产权性质	$pror$	$pror1 \sim pror4$ 分别代表中央国有企业、地方国有企业、民营企业和其他企业,考虑共线性问题,主模型中只加入 $pror1 \sim pror3$ 共 3 个虚拟变量
	地区	$prov$	$east$ 为东部地区、mid 为中部地区、$west$ 为西部地区

4.3.2 检验模型构建

根据上述理论分析和研究假设,无论是企业开展研发活动,还是将研发成果应用于新产品并市场化,都需要一段较长时间,不能立即带来经济效益。研发投资是为提高企业长期的市场效益,投资回报也具有明显的滞后性特征,因此引入研发投资的滞后项($t-k$ 期)考查企业研发投资的价值创造中可能存在的滞后效应,构建模型如下:

$$fp_{i,t} = \beta_0 + \beta_k rd_{i,t-k} + \sum_{j=1}^{n} \eta_j control + v_i + \mu_{it} \qquad (4.1)$$

其中：β_0 是常数项；v_i 表示个体不可观测效应，衡量企业间的异质性；μ_{it} 表示随机误差项。

模型（4.1）描述的是在不考虑财政扶持的情况下，企业研发投资对企业绩效的影响，用于检验假设 4.1 和假设 4.2。

4.4 企业研发投资对企业绩效影响的实证分析

本节主要从企业绩效层面验证企业研发投资对企业绩效影响（模型 4.1）的基本回归结果。进一步依据节能环保、新一代信息技术、生物产业、高端装备制造、新能源、新材料、新能源汽车、数字创意、相关服务业九大类型对样本企业进行划分，分析发展战略性新兴产业中不同行业的企业研发投资的产出绩效。在控制变量选取方面，本书结合实际经济学含义和递归法，最终确定企业的资产负债率、公司规模、企业年龄、科研人员数量以及销售净利率等指标作为控制变量。

4.4.1 描述性统计分析

从表 4 - 8 的企业绩效指标的描述性统计结果可以看出：（1）X_1 为息税前利润/资产总额，反映的是企业投入全部资金的获取报酬的能力。该比例越高，说明企业的全部资金获得的报酬越高。从平均值来看，2009 ~ 2017 年，X_1 持续下降，说明企业资金获取报酬的能力逐年减弱。而 2009 ~ 2013 年的均值大于 2014 ~ 2017 年的均值，说明企业资金获取报酬的能力没有增长，反而略有下降。（2）X_2 为营运资金和资金总量的比率，反映企业资金的流动性和规模大小，营运资金是企业经营中可供运用、周转的流动资金净额，其变现和周转能力都很强、风险小、获利能力高，企业的营运资金不足往往会导致企业出现偿债危机。2011 ~ 2013 年与 2015 ~ 2017 年 X_2 处于上升阶段，而

2010 年与2014 年，下降幅度较大，企业需要警惕周转资金不足问题。（3）X_3 为留存收益和资产总量的比率，反映的是企业获利能力，留存收益是企业净利润减去分配给股东的红利剩余留存的部分，这个比率越小说明企业财务风险越大。从平均值来看，2009 ~ 2017 年，X_3 均呈下降趋势，企业财务危机风险逐年增加。（4）X_4 为普通股市场价值和优先股的市场价值与负债账面价值的比率，反映了企业财务结构是否稳定，也说明企业资本收到股东资本的保障程度。从平均值来看，X_4 在 2010 年最高，达到了 2814.7389，2014 年和 2015 年也较高，超过了 2000；2016 ~ 2017 年有所下降，说明了近年来财务结构相较前几年稳定性有所下降。（5）X_5 为销售总额和资产总量的比率，反映的是衡量企业销售额的能力，指标越高资产的利用率越高。从平均值来看，2009 ~ 2017 年，X_5 逐年下降，说明企业的资产利用率持续下降。（6）$Z\text{-}score$ 得分于 2009 ~ 2017 年一直处于 4.5 ~ 16.9，但是 $Z\text{-}score$ 得分整体呈现下降趋势，企业破产的可能性在逐年提高。

表4-8　　　　　　　描述性统计分析

年份		X_1	X_2	X_3	X_4	X_5	$Z\text{-}score$
2009	Min	-42.1057	-46.8178	-13.6196	53.8996	9.6792	0.6927
	Max	91.5302	65.7318	53.8222	36713.3231	339.9067	222.5185
	Mean	32.4389	20.9077	14.2507	1327.4313	80.9779	9.2076
2010	Min	-448.7073	-2397.8576	-8.8950	12.1841	0.1072	-27.3599
	Max	95.8564	75.8393	98.8603	29453.5090	325.6343	179.1198
	Mean	32.2833	-24.4267	10.8741	2814.7389	68.0349	14.2609
2011	Min	-215.0093	-2518.7368	722.5258	5.8902	1.7126	-24.8936
	Max	95.1180	10.7256	73.2431	21218.3744	630.9392	200.7931
	Mean	35.6088	12.4834	10.0489	1321.9961	65.0454	9.2350
2012	Min	-80.9914	-295.1483	-41.7962	5.8443	2.2679	-3.1632
	Max	94.9717	69.3989	120.8234	11741.1683	718.7964	224.6125
	Mean	34.0406	16.4825	8.0859	1073.9089	62.6283	10.3970

续表

年份		X_1	X_2	X_3	X_4	X_5	$Z\text{-}score$
2013	Min	- 51. 7427	- 1374. 0814	- 73. 9775	5. 5574	0. 8117	0. 5213
	Max	94. 9162	67. 5573	74. 0572	33349. 1172	809. 6822	235. 1517
	Mean	30. 6482	16. 4337	7. 2607	1419. 5042	61. 6412	16. 8648
2014	Min	- 60. 3787	0. 1492	- 66. 2411	7. 5836	0. 2645	- 2. 3278
	Max	89. 7175	1. 0309	83. 5404	37195. 2718	568. 9858	198. 0392
	Mean	27. 7308	- 0. 5986	7. 2626	2283. 0935	57. 8621	8. 9258
2015	Min	- 50. 0749	- 1386. 0100	- 63. 6175	6. 3276	0. 1310	- 0. 8096
	Max	83. 7588	73. 9843	48. 3343	38956. 5633	1141. 5584	102. 9934
	Mean	25. 8237	16. 1384	5. 9622	2318. 4760	52. 7393	7. 6930
2016	Min	- 53. 4575	- 269. 3443	- 105. 9161	5. 3652	0. 1092	- 0. 7428
	Max	84. 9981	62. 9151	42. 6549	32696. 2176	716. 1245	54. 3701
	Mean	26. 5026	16. 3202	5. 5420	1558. 9842	49. 2091	4. 5169
2017	Min	- 614. 6629	- 63. 8726	- 93. 2493	5. 4063	0. 4949	- 0. 0110
	Max	66. 3477	85. 3722	45. 6398	9215. 4142	721. 9425	97. 7238
	Mean	16. 1210	24. 3655	5. 0641	901. 7688	44. 0803	6. 3501

4.4.2　相关性分析

为了初步检验企业研发投资对企业绩效的影响，本书对主要变量进行了皮尔森（Pearson）相关性检验，检验结果如表4-9所示。可以看出研发投资强度与企业财务绩效（表中 $Z\text{-}score$ 得分值代表企业当下的财务绩效）之间的皮尔森相关系数显著正相关，且在1%水平上显著，这表明企业研发投资越大，企业绩效越好。自变量与其他控制变量、控制变量与其他控制变量之间的皮尔森相关系数都在0.6以下，且基本都在1%水平上显著，这表明自变量与其他控制变量、控制变量与其他控制变量之间不存在严重的多重共线性问题。

由表4-9可知，研发投资强度对企业绩效显著正相关。企业研发投资会显著提升未来的企业绩效，初步验证了相关研究假设4.2。另外，所选控制

表 4 - 9　主要变量间相关系数

	Z-score	rd	ln_asset	lev	cap	age	net	roe	shold	st
Z-score	1.000	—	—	—	—	—	—	—	—	—
rd	0.325***	1.000	—	—	—	—	—	—	—	—
ln_asset	-0.325***	-0.158***	1.000	—	—	—	—	—	—	—
lev	-0.837***	-0.325***	0.429***	1.000	—	—	—	—	—	—
cap	-0.263***	-0.191***	0.129***	0.181***	1.000	—	—	—	—	—
age	-0.0230	-0.043***	0.415***	0.108***	0.027*	1.000	—	—	—	—
net	0.370***	0.097***	-0.205***	-0.351***	-0.108***	-0.195***	1.000	—	—	—
roe	0.0210	-0.044***	-0.324***	-0.0120	-0.070***	-0.316***	0.598***	1.000	—	—
shold	0.267***	-0.0010	0.227***	-0.205***	-0.094***	0.029*	0.074***	-0.169***	1.000	—
st	0.256***	0.403***	0.076***	-0.235***	-0.234***	0.210***	0.057***	-0.140***	0.056***	1.000

注：表中为皮尔森相关系数。*** 代表在 1% 水平（双侧）显著；** 代表在 5% 水平（双侧）显著；* 代表在 10% 水平（双侧）显著。

变量均与企业研发投资强度具有显著的相关性，所选控制变量较合理，在实证研究中对其进行控制，进一步提升了研究的科学性。其中，ln_asset、lev 和 cap 均对企业绩效存在显著的负向影响，由此可知，公司规模越小、资产负债率越低、资本密集度越低、企业绩效越高。net、shold 与 st 均在 1% 的水平上显著，且均对企业绩效存在显著的正向影响，由此可知销售净利率越高、前十大股东持股比例越高、科研人员数量越多，企业的财务绩效越高。age 对企业绩效的影响是负向的，roe 对企业绩效的影响是正向的，但均未通过显著性检验。除此之外，各变量之间存在显著影响关系，进一步验证了变量选取的合理性。

4.4.3　实证检验结果

为了验证企业研发投资会显著提升未来的企业绩效的研究假设，基于上述构建的实证模型，采用面板固定效应进行实证检验，在进行模型估计前，对模型（4.1）的设定均进行了 Hausman 检验，统计量的伴随概率最终选择随机效应模型进行报告。由于数据是"大 N 小 T"型面板数据，为了消除异方差，选用 robust 标准差进行估计。利用上述随机效应模型进行实证分析，依次加入控制变量得到回归结果（1）~（9），如表 4 - 10 所示。由于企业投资并不能很快地转化为效益，往往通过 1 ~ 2 年的蛰伏期，才能让企业通过新产品的推广获利，所以企业研发投资对企业绩效影响具有滞后性（Khazabi，2017；Chen，2017）。同时，这种滞后性又不是无限期的，考虑到国家对战略性新兴产业的迫切需求和企业的生命周期，一般最多 2 ~ 3 年就应该凸显出经济效益（武咸云，2017）。本书采用了滞后 1 ~ 3 期的数据进行检验，但实证结果表明滞后 3 期的效果均不显著，故下面重点研究现实中更为合理的滞后 1 ~ 2 期的结果。

由表 4 - 10 可以看出，一方面企业研发投资强度的系数为正，但并不显著，随着控制变量的增加，企业研发投资强度的系数逐渐变大，稳定在 0.7 附近，但显著性水平依然没有提高，说明企业研发投资强度对当期企业绩效影

表 4 - 10　研发投资对企业绩效影响的回归结果

变量	(1)	(2)	(3)	(4)	(5)	(6)	(7)	(8)	(9)
rd	1.378** (0.377)	1.249** (0.366)	0.340 (0.303)	0.350 (0.302)	0.236 (0.299)	0.831 (0.301)	0.783 (0.300)	0.735 (0.296)	0.716 (0.297)
$rd(T-1)$	0.299 (0.350)	0.322 (0.340)	0.205** (0.280)	0.245** (0.280)	0.207** (0.276)	0.222** (0.271)	0.261** (0.270)	0.269** (0.267)	0.258** (0.267)
$rd(T-2)$	0.619* (0.329)	0.760** (0.320)	1.040*** (0.264)	1.053*** (0.263)	0.834*** (0.261)	0.729*** (0.257)	0.736*** (0.256)	0.759*** (0.253)	0.754*** (0.253)
$rd(T-3)$	0.313 (0.148)	0.472 (0.164)	0.386 (0.180)	0.327 (0.195)	0.433 (0.121)	0.289 (0.193)	0.368 (0.147)	0.482 (0.125)	0.554 (0.176)
$\mathrm{ln\_asset}$	—	-4.811*** (0.408)	0.369 (0.372)	0.469 (0.373)	-2.288*** (0.512)	-3.115*** (0.512)	-3.001*** (0.510)	-4.006*** (0.520)	-4.030*** (0.521)
lev	—	—	-3.255*** (0.100)	-3.228*** (0.100)	-3.257*** (0.0992)	-3.082*** (0.0995)	-3.141*** (0.0999)	-2.998*** (0.100)	-2.993*** (0.100)
cap	—	—	—	-0.0393*** (0.0148)	-0.0565*** (0.0147)	-0.0517*** (0.0145)	-0.0495*** (0.0144)	-0.0393*** (0.0143)	-0.0394*** (0.0143)
age	—	—	—	—	0.781*** (0.101)	0.919*** (0.100)	0.927*** (0.0998)	1.220*** (0.106)	1.212*** (0.106)

续表

变量	(1)	(2)	(3)	(4)	(5)	(6)	(7)	(8)	(9)
net	—	—	—	—	—	0.635*** (0.0716)	0.364*** (0.0939)	0.350*** (0.0927)	0.344*** (0.0929)
roe	—	—	—	—	—	—	0.550*** (0.124)	0.587*** (0.123)	0.589*** (0.123)
shold	—	—	—	—	—	—	—	0.853*** (0.111)	0.852*** (0.111)
st	—	—	—	—	—	—	—	—	0.117 (0.104)
行业	控制	控制	控制	控制	控制	控制	控制	控制	控制
产权性质	控制	控制	控制	控制	控制	控制	控制	控制	控制
地区	控制	控制	控制	控制	控制	控制	控制	控制	控制
cons	1.695*** (0.0349)	16.49*** (1.257)	1.770 (1.129)	1.567 (1.130)	8.000*** (1.390)	9.992*** (1.385)	9.618*** (1.381)	11.34*** (1.382)	11.40*** (1.383)
R^2	0.012	0.070	0.370	0.372	0.389	0.410	0.415	0.430	0.430

注：括号中的数据为标准误差，*，**和***分别表示 $p<0.1$，$p<0.05$ 和 $p<0.01$，即在10%，5%和1%水平上显著。

响不显著,验证了假设4.1。另一方面,滞后一期的企业研发投资强度 $rd(T-1)$ 对企业绩效的影响在5%水平上显著为正,且每增加1个单位的研发投资,可提高0.258个单位的企业绩效。滞后二期的企业研发投资强度 $rd(T-2)$ 对企业绩效的影响更加显著,在1%水平上显著为正,且每增加1个单位的研发投资,可以提高0.754个单位的企业绩效。这说明企业研发投资可以显著提高未来的企业绩效,验证了假设4.2。

在加入控制变量公司规模后研发投资对企业绩效的影响有所下降,但在加入控制变量资产负债率、资本密集度与企业年龄后,研发投资对企业绩效的影响由1%的显著正相关变为正相关且控制变量相应系数逐渐下降。但在加入控制变量销售净利率后,研发投资对企业绩效的影响显著提升,且在1%水平上显著正相关。而在加入控制变量净资产收益率、前十大股东持股比例与科研人员数量后,研发投资对企业绩效的影响由1%水平上的显著正相关变为5%水平上的正相关且控制变量相应系数逐渐下降,进一步说明了考虑控制变量的必要性。

4.4.4 企业研发投资对企业绩效影响的异质性检验

4.4.4.1 行业特征检验

为进一步分析不同行业下企业研发投资对战略性新兴产业的企业绩效的影响,本书分别依据节能环保、新一代信息技术、生物、高端装备制造、新能源、新材料、新能源汽车、数字创意、相关服务业共九大类型对样本企业进行行业划分,并对模型(4.1)进行回归,其结果如表4-11的(1)~(9)所示。

分行业看,节能环保、高端装备制造、其他服务业这三种类型的研发投资对企业绩效影响最为显著,在当期研发投资与企业绩效即呈现显著正相关关系,且系数值较大,表明研发投资对企业绩效的正向促进作用较大。这三类行业市场环境相对更为稳定,市场秩序更加规范,企业投入研发资金后,绩效水平以更快的速度得到市场的反馈,因此这三类企业没有明显的滞后效

表 4－11　分行业研发投资对企业绩效影响的回归结果

变量	(1) group1	(2) group2	(3) group3	(4) group4	(5) group5	(6) group6	(7) group7	(8) group8	(9) group9
rd	3.178** (1.443)	0.102 (0.620)	0.786 (0.612)	2.973*** (1.017)	0.784 (1.659)	-1.522 (1.216)	-2.854 (1.941)	1.325 (0.867)	8.612* (4.755)
$rd(T-1)$	-1.663 (1.279)	0.169 (0.329)	1.007* (0.567)	0.558 (0.360)	1.312 (1.179)	-0.609 (1.086)	-4.643 (2.864)	1.094 (0.957)	3.544*** (0.679)
$rd(T-2)$	-0.779 (1.006)	0.877* (0.464)	0.939 (0.637)	-0.0326 (0.458)	0.477 (0.837)	1.678 (1.259)	-0.409 (1.634)	1.621 (2.208)	1.395 (2.339)
$\ln\_asset$	-4.715*** (1.765)	-3.287*** (1.183)	0.108 (3.831)	-5.635*** (1.291)	-3.583** (1.459)	-6.219* (3.154)	-6.501*** (1.842)	-6.847** (2.717)	-4.535 (3.713)
lev	-3.337*** (0.266)	-2.976*** (0.407)	-3.685*** (0.658)	-2.561*** (0.302)	-2.719*** (0.364)	-3.273*** (0.357)	-2.578*** (0.262)	-2.102*** (0.621)	-0.975* (0.475)
cap	0.0751** (0.0363)	-0.0233 (0.0272)	-0.0624 (0.0893)	-0.130** (0.0594)	-0.0957** (0.0403)	0.128 (0.0953)	0.0116 (0.0413)	-0.0209 (0.0599)	-0.0760 (0.169)
age	1.136*** (0.341)	1.557*** (0.283)	0.760 (0.469)	0.566* (0.291)	1.293*** (0.238)	0.933** (0.369)	1.656*** (0.287)	1.330** (0.602)	0.461 (0.759)

续表

变量	(1)	(2)	(3)	(4)	(5)	(6)	(7)	(8)	(9)
	group1	group2	group3	group4	group5	group6	group7	group8	group9
net	-0.000318	0.157	0.166	0.850	0.641	-0.0629	2.387***	0.461	0.740*
	(0.261)	(0.329)	(0.457)	(0.610)	(0.472)	(0.607)	(0.424)	(0.638)	(0.335)
roe	1.718***	0.253	0.549	0.331	0.951*	1.914**	-0.0828	2.232***	1.744
	(0.483)	(0.645)	(1.212)	(0.437)	(0.562)	(0.808)	(0.115)	(0.790)	(0.968)
shold	0.424	1.837***	0.900	-0.00732	0.671**	-0.145	0.0976	0.518	-2.321***
	(0.430)	(0.390)	(0.889)	(0.347)	(0.274)	(0.443)	(0.504)	(0.639)	(0.557)
st	0.274	0.0875	0.166	0.382	-0.380	1.336**	0.0626	-0.443	2.978
	(0.217)	(0.188)	(0.424)	(0.554)	(0.360)	(0.642)	(0.196)	(0.380)	(3.191)
产权性质	控制	控制	控制	控制	控制	控制	控制	控制	控制
地区	控制	控制	控制	控制	控制	控制	控制	控制	控制
cons	13.60***	7.736**	0.287	18.52***	9.932**	18.83**	18.31***	19.44***	15.40
	(4.748)	(3.113)	(10.94)	(3.233)	(3.918)	(8.890)	(5.071)	(6.983)	(10.50)
R^2	0.627	0.345	0.485	0.583	0.590	0.596	0.603	0.499	0.772

注：括号中的数据为标准误差，*，**和***分别表示 $p<0.1$，$p<0.05$ 和 $p<0.01$，即在 10%、5% 和 1% 水平上显著。

应。新一代信息技术、生物产业这两种类型企业的研发投资对企业绩效影响表现出较强的滞后性，在滞后期呈现显著的正效应。生物产业与新一代信息技术企业研发收效较慢，一般受开发周期限制，只有新研发的产品投入市场并逐渐挤占原产品的市场份额，企业绩效才会逐渐显现出来，因此当期的研发投入分别在滞后一期与滞后二期的企业绩效中表现较为明显。

其他企业研发投资对企业绩效的影响并不显著，一方面，新产品的研发都要经历漫长的试验过程才能最终投入工业化生产，形成新产品的周期较长，直到投放市场并获得稳定的市场份额，才能够给企业带来经济效益。另一方面，新产品的研发意味着当期大量的研发费用支出，研发过程大致会经历投入→失败→突破→新技术的诞生→专利权的获得→新产品的推出等一系列过程，新会计准则中"企业研究阶段的支出全部费用化"等相关规定导致企业前期因研发投资造成大量"现金流出"，而企业短期财务绩效反映的是以会计利润为基础的效益。因此，研发投资一般在当期更多表现为费用而非营业收入，只有当研发出新产品投放市场获得市场份额时，研发的经营绩效才能得以实现。

4.4.4.2 地区特征检验

接下来，本书分析地区差异对结论的影响。本节分别对样本进行区域划分，按照东部、中部和西部地区将企业注册所在地的省份归类，在对模型（4.1）进行回归，其结果如表4－12中的（1）～（3）所示。

表4－12　　　分地区研发投资对企业绩效影响的回归结果

变量	(1)	(2)	(3)
	west	*east*	*mid*
rd	0.524 (0.421)	2.131** (1.047)	0.198 (1.352)
rd(T−1)	0.235 (0.247)	0.835 (0.629)	−0.635 (1.038)

续表

变量	(1)	(2)	(3)
	west	*east*	*mid*
rd(T−2)	1. 126 *** (0. 394)	− 0. 704 * (0. 410)	0. 0762 (0. 812)
ln_asset	− 4. 756 *** (0. 880)	− 2. 901 (1. 763)	− 6. 230 *** (2. 044)
lev	− 2. 965 *** (0. 190)	− 2. 777 *** (0. 436)	− 3. 027 *** (0. 547)
cap	− 0. 0401 ** (0. 0197)	− 0. 0602 (0. 0727)	− 0. 0466 (0. 0782)
age	1. 158 *** (0. 151)	0. 802 * (0. 440)	1. 718 *** (0. 268)
net	0. 303 (0. 203)	0. 476 (0. 533)	0. 457 (0. 284)
roe	0. 523 * (0. 305)	0. 841 (0. 657)	0. 929 (0. 674)
shold	0. 976 *** (0. 214)	0. 219 (0. 589)	0. 658 (0. 417)
st	0. 164 (0. 136)	0. 336 (0. 823)	− 0. 120 (0. 421)
行业	控制	控制	控制
产权性质	控制	控制	控制
cons	10. 61 *** (2. 396)	9. 214 * (4. 604)	17. 25 *** (5. 909)
R^2	0. 408	0. 537	0. 541

注：括号中的数据为标准误差，* 、** 和 *** 分别表示 $p < 0.1$、$p < 0.05$ 和 $p < 0.01$，即在 10%、5% 和 1% 水平上显著。

　　分地区看，不同地区研发投资对企业绩效的影响存在较大差异：西部地区的研发投资对企业绩效影响在当期体现为5%水平上的显著正效应，滞后一期研发投资收益有所下降但仍体现为正效应，滞后二期却呈现10%水平上的负效应，这可能与西部地区经济较为落后、企业发展较为缓慢有关。中部地区研发投资对企业绩效的影响在当期表现并不明显，甚至在滞后一期体现为负效应，滞后二期有所回升，体现为正效应但不显著，同时这也体现了中部企业发展厚积薄发的潜力。

　　相比之下，东部地区企业研发投资对企业绩效的影响存在明显的滞后性，当期表现为正效应但不显著，滞后二期企业研发投资对企业绩效的影响在1%水平上呈现明显正效应。一般受研发周期限制，当期的研发投入在滞后二期的企业绩效中表现较为明显，这与东部地区经济较为发达、企业发展迅速密切相关。

　　东部、西部和中部的 R^2 的值分别为0.408、0.537和0.541，表示解释变量对因变量的整体解释程度较高。东部地区较西部地区和中部地区发展较好，企业研发投资对企业绩效的影响较为显著且显著性逐年增强。中部地区的企业发展处在中间水平，该地区正处于企业增加投资，加强建设的阶段，正因为该阶段企业发展的特殊性，致使企业研发投资对企业的影响呈现先负向后正向的"U"型特征。西部地区相对较为落后，企业的研发投资不能对企业产生长远的影响，只能在当期或滞后一期呈现显著正相关状态。

4.4.4.3　产权性质特征检验

　　本书考察不同产权性质下财政扶持对发展战略性新兴产业的企业研发投资强度的影响，接下来分别依据所属产权性质为国有还是非国有对样本企业进行划分：(1) 代表中央国有企业；(2) 代表地方国有企业；(3) 代表民营企业；(4) 代表其他企业。最后对模型 (4.1) 进行回归，其结果如表4-13的 (1)~(4) 所示。

表 4 – 13　　　　　　　分产权性质研发投资对企业绩效影响的回归结果

变量	（1）	（2）	（3）	（4）
	pror1	pror2	pror3	pror4
rd	−3.738 **	−0.888	0.884 **	0.589
	(1.487)	(1.673)	(0.443)	(0.501)
rd（T−1）	0.906	−2.671 **	0.151	0.896
	(0.850)	(1.279)	(0.230)	(0.825)
rd（T−2）	2.136 ***	0.661	0.818 **	−0.00628
	(0.731)	(0.767)	(0.337)	(0.942)
ln_asset	−6.364 ***	−4.774 **	−3.954 ***	−6.177 ***
	(2.061)	(1.996)	(0.864)	(2.064)
lev	−2.470 ***	−2.743 ***	−3.070 ***	−2.960 ***
	(0.333)	(0.377)	(0.214)	(0.436)
cap	0.0492	0.0232	−0.0538 ***	0.0714
	(0.0585)	(0.0735)	(0.0194)	(0.0671)
age	0.792 **	0.682 **	1.452 ***	1.313 ***
	(0.306)	(0.297)	(0.167)	(0.387)
net	1.167 **	2.650 ***	0.278	−0.337
	(0.443)	(0.894)	(0.231)	(0.364)
roe	0.286	0.0390	0.596	1.897 **
	(0.433)	(0.233)	(0.430)	(0.811)
shold	−0.00811	−0.530	1.054 ***	1.174 **
	(0.480)	(0.383)	(0.241)	(0.553)
st	0.143	0.631	0.0503	0.0783
	(0.464)	(0.423)	(0.142)	(0.252)
行业性质	控制	控制	控制	控制
地区	控制	控制	控制	控制
cons	19.95 ***	15.44 ***	10.53 ***	17.21 ***
	(5.636)	(5.403)	(2.339)	(5.771)
R²	0.576	0.586	0.429	0.485

注：括号中的数据为标准误差，＊、＊＊和＊＊＊分别表示 $p < 0.1$、$p < 0.05$ 和 $p < 0.01$，即在10%、5%和1%水平上显著。

分产权性质看，中央国有企业研发投资对企业绩效影响在当期体现为 5%
水平上的显著负效应，滞后一期体现为正效应，滞后二期体现为 1% 上的正效
应，说明企业研发投资会显著降低当期企业绩效，并会显著提升未来的企业
绩效。这可能是因为中央国有企业为国家直接投资，使得企业的研发投资对
企业绩效影响在滞后一期表现为正效应，随后，当期进行研发投资所获得的
企业绩效成长逐渐释放，对企业绩效的影响程度增加，且正向作用愈加显著。
地方国有企业由于资金支持较中央国有企业相对弱，所以企业研发投入对企
业绩效的影响呈现当期为负效应，滞后一期在 5% 水平上呈现显著负效应，直
至滞后二期才为正的现象。

相比之下，民营企业当期即可取得 5% 水平上的正效应，且滞后两期仍
存在显著正效应，因民营企业具有企业小、转型快，能够及时跟上市场变
化，为了企业生存及时调整企业战略方向的特点，致使其研发投资收益相
对较快，保持持续正效应。其他企业研发投资对企业绩效的影响在当期呈
现正效应且在滞后一期正效应有所增长，但滞后二期投资研发收益呈现负
效应，这可能与民营企业研发投入资金有限，后期资金投入无法满足研发
需要有关。

4.4.5　稳健性检验

为考察以上研究结论的稳健性，本书主要从以下几方面进行稳健性检验：
一是更换企业绩效的代理变量。将公司托宾 Q 值、每股股利作为企业绩效的
代理变量重复以上回归分析，回归结果及显著性无显著差异，研究结论依然
成立。二是更换控制变量。分别将企业科研人员数量的代理变量更换为企业
员工数量、销售净利率的代理变量更换为营业收入增长率，重复以上回归分
析，回归结果及显著性无显著差异，研究结论依然成立，如表 4 - 14 所示。
三是为进一步减少极端值对回归结果的影响，本书采用 0.25、0.5 和 0.75 的
分位数回归法重复以上回归分析，回归结果无显著差异，研究结论依然成立，
如表 4 - 15 所示。综上可知，研究结论具有稳健性。

表 4 – 14 研发投资对企业绩效影响的稳健性检验

变量	（1）托宾 Q 值	（2）每股股利	（3）更换控制变量
rd	− 2. 246 （1. 487）	− 1. 712 （1. 673）	1. 826 （0. 443）
rd（T − 1）	0. 893 * （0. 852）	1. 439 ** （1. 258）	0. 753 * （0. 232）
rd（T − 2）	1. 882 *** （0. 731）	0. 569 ** （0. 767）	0. 912 ** （0. 337）
ln_asset	− 5. 374 *** （2. 061）	− 4. 774 ** （1. 996）	− 3. 954 *** （0. 864）
lev	− 2. 682 *** （0. 235）	− 1. 338 *** （0. 427）	− 2. 874 *** （0. 516）
cap	0. 0492 （0. 0585）	0. 0232 （0. 0735）	− 0. 0538 *** （0. 0194）
age	0. 792 ** （0. 306）	0. 682 ** （0. 297）	1. 452 *** （0. 167）
net	1. 167 ** （0. 443）	2. 650 *** （0. 894）	0. 278 （0. 231）
roe	0. 286 （0. 433）	0. 0390 （0. 233）	0. 596 （0. 430）
shold	− 0. 00811 （0. 480）	− 0. 530 （0. 383）	1. 054 *** （0. 241）
st	0. 143 （0. 464）	0. 631 （0. 423）	0. 0503 （0. 142）
行业	控制	控制	控制
地区	控制	控制	控制
产权性质	控制	控制	控制
cons	17. 75 *** （5. 636）	14. 36 *** （5. 403）	12. 73 *** （2. 339）
R^2	0. 587	0. 592	0. 624

注：括号中的数据为标准误差，*、** 和 *** 分别表示 $p < 0.1$、$p < 0.05$ 和 $p < 0.01$，即在 10%、5% 和 1% 水平上显著。

表 4 - 15 **财政扶持下研发投资对企业绩效影响的分位数回归结果**

变量	(1) Lower quartile (0.25)	(2) Median (0.5)	(3) Upper quartile (0.75)
rd	0.244 ** (0.118)	0.855 *** (0.264)	1.373 *** (0.280)
ln_asset	0.0199 (0.173)	- 0.540 *** (0.184)	- 1.178 *** (0.257)
lev	- 3.374 *** (0.0584)	- 3.507 *** (0.0733)	- 3.665 *** (0.0669)
cap	- 0.0773 *** (0.00953)	- 0.0864 *** (0.0105)	- 0.0907 *** (0.0126)
age	0.156 *** (0.0203)	0.195 *** (0.0303)	0.270 *** (0.0305)
net	0.583 *** (0.124)	0.844 *** (0.148)	1.020 *** (0.142)
roe	0.0435 (0.110)	- 0.128 (0.0948)	- 0.260 (0.168)
shold	0.557 *** (0.0531)	0.702 *** (0.0817)	0.628 *** (0.0762)
st	0.220 *** (0.0593)	0.0520 (0.0555)	- 0.101 * (0.0540)
行业	控制	控制	控制
产权性质	控制	控制	控制
地区	控制	控制	控制
cons	1.985 *** (0.496)	3.888 *** (0.469)	6.109 *** (0.769)
R^2	0.341	0.340	0.341

注：括号中的数据为标准误差，*、** 和 *** 分别表示 $p < 0.1$、$p < 0.05$ 和 $p < 0.01$，即在 10%、5% 和 1% 水平上显著。

第5章 财政扶持对企业研发投资的影响

本章认为加大企业研发投资力度、深化及提高企业自主创新能力，发挥财政扶持的引导作用是实现战略性新兴产业持续健康发展的重要举措。战略性新兴产业发展的根本是技术创新，这个过程需要大量的资金支持，仅靠自身难以维系，故需要财政扶持进行投资才能得到长远的发展。但是，企业是以利润最大化为发展目标，一方面，由于政府和企业的信息不对称，企业很可能将财政扶持资金投资于短期可以获利的领域，同时这种投资行为与战略性新兴产业未来的发展无关；另一方面，企业在获得相应的财政扶持后将其作为企业的收入来源，而并不积极进行技术创新活动，这也是企业研发投入减少的普遍原因。可见，政府通过资金投入鼓励企业进行符合产业发展方向的行为，然而接受政府资金的企业也可能将其用作为企业带来更大短期效益非研发的其他方面，甚至对企业自发的研发投资行为产生挤出效应。因此，分析财政扶持对企业研发投资行为选择的影响机理，检验财政扶持对企业研发投资的激励效应和挤出效应，是探究战略性新兴产业财政扶持对企业研发投资决策影响的关键，具有重要的理论和现实意义。

5.1 财政扶持对企业研发投资影响的理论分析

本章试图构建包含政府干预和企业行为选择的动态博弈模型，分析在发展战略性新兴产业过程中，财政扶持和政府监督对企业研发投资行为决策的影响。博弈论最早由美国数学家冯·诺依曼在 1937 年提出，旨在用数学方法研究多个理性行为主体的决策和行动相互作用和影响时，事态发展过程的决策和均衡问题。博弈的基本要素包括：参与人、行动、信息、策略、支付（效用）和均衡。参与人指博弈中的决策主体，其目的是通过选择行动（或策略）以使支付（效用）水平达到最大化；行动是参与人在博弈的某个时点的决策变量，与行动相关的一个重要问题是行动顺序，行动顺序对于博弈的结果非常重要；信息是参与人有关博弈的知识，信息集用来描述博弈论中参与人信息特征；策略是参与人在给定信息集的情况下的完备行动规制，即要给出参与人在每一种可想象到的情况下的行动选择；支付（效用）是一个特定战略组合下参与人得到的确定效用水平，或是指参与人得到的期望效用水平；均衡是所有参与人的最优策略组合，是参与人在均衡状态下的最优策略组合。在政府大力鼓励发展战略性新兴产业的过程中，政府和企业关于社会福利和预期收益的效用函数不同，二者构成博弈关系，即政府作为社会管理者和财政扶持的发放者是博弈的一方，企业作为利益最大化的追求者和研发的主体是博弈的另一方。

5.1.1 政府与企业之间的合作博弈模型构建

第一，假设合作博弈参与人仅有企业和政府，并且博弈双方均为理性经济人。政府追求最大的社会效益：希望企业把财政支持资金用于发展战略性新兴产业，促进企业增加研发投资，从而获得新技术，产生新产品，使社会收益最大化；企业以自身利益最大化为目标，在获得财政扶持后，一旦存在更优的盈利机会，往往就会将扶持资金投资于其他用途，希望把财政扶持资金投入到使自身收益最大化的方面。

第二，假设企业在进入战略性新兴产业后，有两种策略选择。一是选择进行研发投资生产高新技术产品，研发投资为 RD，技术进步以及生产过程改进等原因使得研发投资外的生产成本为 C_1，出售价格为 P_1，市场需求为 N_1；

二是不选择进行研发投资，仍然生产原有产品，生产成本为 C_2，其出售价格为 P_2，市场需求为 N_2。

第三，假设政府承诺对战略性新兴产业的企业进行财政扶持：财政扶持金额为 S，企业接受后研发新兴产品所产生的社会福利为 B；政府监督企业财政扶持使用情况的监督费用为 J，若企业接受补助但未进行研发投资新技术，则会受到政府惩罚为 F；若政府违背承诺，则会让许多企业在高昂的研发费用面前望而却步，甚至让已投资的企业因为得不到资金支持而退出行业，从而产生庞大的社会损失为 L。

第四，假设战略性新兴产业企业进行研发投资的概率为 ρ_1，则不进行研发投资的概率为 $1-\rho_1$；政府对战略性新兴产业的企业进行财政扶持的概率为 ρ_2，则不进行财政扶持的概率为 $1-\rho_2$；政府有关部门检查得到财政扶持的企业是否进行研发投资的概率为 ρ_3，不进行检查的概率为 $1-\rho_3$。E_1 为企业期望收益，E_2 为政府期望收益。为使模型简洁，本书假设政府只要进行检查就必定能得知企业是否将财政扶持资金用于规定用途。

根据对政府和企业行为的以上假设，可以构建动态博弈模型，如图 5-1 所示。

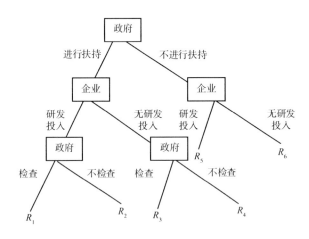

图 5-1 动态博弈模型

该博弈模型分为三个阶段：

（1）合作博弈的第一个阶段，政府首先行动，政府有两种策略：其一，对战略性新兴产业企业进行扶持；其二，不对该类企业进行扶持。

（2）合作博弈的第二个阶段，无论是否接收政府第一阶段的扶持，企业都有两种策略：其一，可以选择研发投资；其二，可以选择不进行研发投资。

（3）合作博弈的第三个阶段，此时政府有两种策略：其一，政府可以选择对已接受财政扶持的企业进行检查和处罚；其二，政府也可以选择对已接受财政扶持的企业不进行检查处罚。为使模型简洁，本书假设政府只要进行检查就必定能得知财政扶持企业是否进行了研发投资。

企业是否进行研发活动和政府是否扶持与检查是一个混合博弈，其支付矩阵如表 5-1 所示。

表 5-1　　　　　　　财政扶持与企业研发投资行为的博弈支付矩阵

企业		政府		
		（扶持，检查）$\rho_2 \rho_3$	（扶持，不检查）$\rho_2(1-\rho_3)$	不扶持$(1-\rho_2)$
战略性新兴企业	投入 ρ_1	R_1	R_2	R_5
	不投入 $1-\rho_1$	R_3	R_4	R_6

企业期望收益 E_1 和政府期望收益 E_2 的表达式如式（5.1）和式（5.2）所示：

$$E_1 = \rho_1 [\rho_2 \rho_3 R_1 + \rho_2(1-\rho_3)R_2 + (1-\rho_2)R_5] + (1-\rho_1)[\rho_2 \rho_3 R_3 + \rho_2(1-\rho_3)R_4 + (1-\rho_2)R_6] \qquad (5.1)$$

$$E_2 = \rho_2 \rho_3 [\rho_1 R_1 + (1-\rho_1)R_3] + \rho_2(1-\rho_3)[\rho_1 R_2 + (1-\rho_1)R_4] + (1-\rho_2)[\rho_1 R_5 + (1-\rho_1)R_6] \qquad (5.2)$$

5.1.2　博弈模型的一般均衡求解

根据逆向归纳法求此博弈模型的均衡解，从博弈模型底端开始分析。博弈过程中，企业和政府各自的纯策略收益 $R_1 \sim R_6$：

$$
\begin{cases}
R_1 : (P_1 N_1 + S - C_1 - RD, B - S - J) \\
R_2 : (P_1 N_1 + S - C_1 - RD, B - S) \\
R_3 : (P_2 N_2 + S - C_2 - F, F - S - J) \\
R_4 : (P_2 N_2 - C_2 + S, -S) \\
R_5 : (P_1 N_1 - C_1 - RD, B) \\
R_6 : (P_2 N_2 - C_2, -L)
\end{cases}
\tag{5.3}
$$

将式（5.3）中的 $R_1 \sim R_6$ 带入式（5.1）和式（5.2），可以分别得到式（5.4）和式（5.5）：

$$
\begin{aligned}
E_1 &= \rho_1 \left[\rho_2 \rho_3 (P_1 N_1 + S - C_1 - RD) + \rho_2 (1 - \rho_3)(P_1 N_1 + S - C_1 - RD) \right. \\
&\quad \left. + (1 - \rho_2)(P_1 N_1 - C_1 - RD) \right] + (1 - \rho_1) \left[\rho_2 \rho_3 (P_2 N_2 + S - C_2 - F) \right] \\
&\quad + \rho_2 (1 - \rho_3)(P_2 N_2 - C_2) + (1 - \rho_2)(P_2 N_2 - C_2) \\
&= \rho_1 (P_1 N_1 - C_1 - RD - P_2 N_2 + C_2) + \rho_2 S - \rho_2 \rho_3 F + \rho_1 \rho_2 \rho_3 F + P_2 N_2 - C_2
\end{aligned}
\tag{5.4}
$$

$$
\begin{aligned}
E_2 &= \rho_2 \rho_3 \left[\rho_1 (B - S - J) + (1 - \rho_1)(F - S - J) \right] + \rho_2 (1 - \rho_3) \left[\rho_1 (B - S) \right. \\
&\quad \left. + (1 - \rho_1)(-S) \right] + (1 - \rho_2) \left[\rho_1 B + (1 - \rho_1)(-L) \right] \\
&= \rho_1 (B + L) + \rho_2 (L - S) - \rho_1 \rho_2 L + \rho_2 \rho_3 (F - J) - \rho_1 \rho_2 \rho_3 F - L
\end{aligned}
\tag{5.5}
$$

将 E_1 和 E_2 分别对 ρ_1、ρ_2 和 ρ_3 求偏导，可以得到式（5.6）为：

$$
\begin{cases}
\rho_2 \rho_3 F + P_1 N_1 - P_2 N_2 - RD + C_2 - C_1 = 0 \\
(\rho_1 - 1) \rho_3 F + S = 0 \\
-\rho_1 \rho_2 F + (F - J)\rho_2 = 0
\end{cases}
\tag{5.6}
$$

令 $\varepsilon = 1 - \dfrac{J}{F}$ 且 $k = P_2 N_2 - C_2 - P_1 N_1 + C_1 + RD$，解得 ρ_1、ρ_2 和 ρ_3 的最优取值为 ρ_1^*、ρ_2^* 和 ρ_3^*，进而得到本步骤的均衡解如式（5.7）所示：

$$\begin{cases} \rho_1^* = \dfrac{F-J}{F} = \varepsilon \\[2mm] \rho_2^* = \dfrac{Jk}{SF} = \dfrac{k}{S}(1-\varepsilon) \\[2mm] \rho_3^* = \dfrac{S}{J} \end{cases} \qquad (5.7)$$

将 ρ_1^*、ρ_2^* 和 ρ_3^* 代入 E_1 和 E_2 中可以得到：

$$\begin{aligned} E_1 &= \frac{F-J}{F}(P_1N_1 - C_1 - RD - P_2N_2 + C_2) + \frac{Jk}{SF}S \\[2mm] &\quad - \frac{Jk}{SF}\frac{S}{J}F + \frac{F-J}{F}\frac{Jk}{SF}\frac{S}{J}F + P_2N_2 - C_2 \\[2mm] &= \frac{Jk}{F} - k + P_2N_2 - C_2 \end{aligned} \qquad (5.8)$$

$$\begin{aligned} E_2 &= \frac{F-J}{F}(B+L) + \frac{Jk}{SF}(L-S) - \frac{F-J}{F}\frac{Jk}{SF}L \\[2mm] &\quad + \frac{Jk}{SF}\frac{S}{J}(F-J) - \frac{F-J}{F}\frac{Jk}{SF}\frac{S}{J}F - L \\[2mm] &= (\varepsilon-1)\left(1 - \frac{Jk}{SF}\right)L + \varepsilon B - \frac{Jk}{F} \end{aligned} \qquad (5.9)$$

5.1.3　参与主体行为决策分析

根据上述均衡解的推导结果，可以进一步分析企业和政府作为行为选择主体的决策过程。

第一，对于政府行为而言，政府是否对战略性新兴企业进行扶持和检查的行为与政府预期收益相关，政府期望收益则与研发新产品带来的社会效益、财政扶持、政府检查成本、惩罚力度以及研发新产品与原产品的收益差相关。一方面，政府选择是否对战略性新兴产业进行扶持：显然对战略性新兴产业企业进行财政扶持的概率 ρ_2 与 k 有关，若该企业研发新产品会因市场需求不够充足或者成本过高而产生损失 $k>0$，则必定 $\rho_2>0$，即政府会选择这类企业进行扶持；反之，若该企业研发新产品能够带来收益，且与原产品的收益差 k <0，则 ρ_2 <0，即政府不会选择这类企业进行扶持，可见，为大力发展战略性新兴产业，政府应该选择因市场需求不够充足或者研发成本过高而产生损失的企业进行扶持。另一方面，当研发新产品带来的社会效益 B 一定时，政府检查成本与惩罚力度的相对比例 ε 与政府期望收益正相关，当政府检查成本一定时，惩罚力度越大，政府的期望收益越大，说明降低政府检查成本 J 或提高惩罚力度 F，可以提高政府期望收益。

第二，对于企业行为而言，企业是否选择研发投资取决于企业预期收益，企业预期收益与财政扶持、政府检查成本、惩罚力度以及研发新产品与原产品的收益差相关。只有当企业预期收益 E_1 >0 时，企业在进入战略性新兴产业后，才会选择研发投资：若企业选择研发，则新产品收益 $P_1N_1 - C_1 - RD$，原产品收益 $P_2N_2 - C_2$，一般情况下，新产品前期研发周期较长，研发投资 RD 较大，尽管通过技术改进可以有效减少非研发类生产成本使得 C_1 小于 C_2，但由于受价格制约和市场需求的影响，新产品收益往往小于原产品收益即 k >0，甚至新产品收益 $P_1N_1 - C_1 - RD$ <0，即企业将因为开发新产品市场需求不够充足或者成本过高而产生损失。因此政府通常需要对发展战略性新兴产业的企业进行扶持，才能使企业获利（E_1 >0）。

可见，若研发新产品与原产品的收益差 k >0，即当新产品收益小于原产品收益时，企业将因为市场需求不够充足或者成本过高而产生损失，若财政扶持 S 足够大，则企业会选择进行研发投资。反之，若研发新产品与原产品的收益差 k <0，且 $P_1N_1 - C_1 - RD$ >0，那么财政扶持 S 不但不会提高企业的预期收益，S 越大对新产品研发的挤出效应越明显。值得注意的是，对于已接受财政扶持行为的企业而言，企业进行研发投资的概率 ρ_1 与政府进行检查的成本 J 和实施的惩罚金额 F 有关，相较于政府进行检查的成本 J，惩罚金额 F 越大，则企业选择研发投资的概率越大。

基于以上对企业和政府的行为决策分析可以看出，在政府检查成本和政府惩罚力度一定时，由于研发新产品的收益和原产品的收益差之间的不确定性，财政扶持对企业研发投资的影响都有可能存在激励或者挤出的不同效应。这也从理论模型方面证实了现有研究关于财政扶持对企业研发投资的不同影响的事实。阿罗（1972）阐明了研发活动外部性的相关理论，支持政府采取一系列措施对企业研发活动进行合理的干预。由于研发活动的成果具有公共产品的特征，投资者无法完全独占新技术带来的收益，对于资金需求尤其明显的战略性新兴产业，投入大量的资金往往得不到很快的回收，导致企业没有足够的动力去投入研发活动。在这种情况下，财政扶持的引入降低了企业的成本，减少了企业从事研发活动的风险，对提高企业研发投资积极性有重要的引导作用。解维敏等（2009）采用面板数据，利用固定效应模型表明财政扶持对企业研发投入起到积极的推动作用。因此，政府理应恰当地增加对企业研发投入的财政扶持力度。卡扎尼克（2013）研究了市场的不确定性与政府研发扶持对企业研发投资效应之间的相关关系，表明市场不确定性会抑制企业研发投资，但是政府研发扶持能够有效缓解市场不确定性对企业研发投资的抑制效应。由此可见，假如政府意在促进企业自主性研发投资，则降低市场的不确定性将有助于实现这一目标。苏塞克斯等（2016）研究了企业研发投资行为对财政扶持的反应，研究表明，当政府研发扶持可预期时，其对企业的研发投资依然能够实现刺激效应。基于此，本书提出假设 5.1：

假设 5.1　财政扶持对企业研发投资存在一定的激励效应

也有大量研究认为政府的财政扶持使企业减少了自主性研发投资，当企业获得相应的政府资助后，与原先自筹资金积极进行科技创新活动相反，企业只把获得的资助作为收入来源的一部分，进而将阻碍企业研发活动的发展（Blazenko et al.，2015）。关于政府科技扶持挤出效应，最早的研究可以追溯到布朗克等（1957）以 1564 家企业的数据实证研究发现，政府技术创新资助对企业开展技术创新并不是完全有利的。克维多等（Quevedo et al.，2013）在控制了公众研发资助的内生性之后，检验了公众研发资助对企业自主性研发投资的影响，发现 30% 左右的企业研发投资被企业政府研发资助所挤出。门迪戈里等（Mendigorri et al.，2016）认为得到政府研发资助的企业并没有增加其整体研发投资活动，说明政府资助挤出了私人对研发的资金投入。基于此，本书提出假设 5.2：

假设 5.2 财政扶持对企业研发投资存在一定的挤出效应

5.2 财政扶持对企业研发投资影响的研究设计

5.2.1 研究数据与研究变量

本书选取 2009 ~ 2017 年连续 9 年 A 股上市的、与战略性新兴产业相关的企业财务数据作为初始样本①，包括新一代信息技术、新能源、新材料、生物、高端设备、节能环保、新能源汽车、数字创意、其他服务业共 9 个子行业。由于 2007 年会计准则和审计准则出台新的规定，为了保证数据统计口径的统一，选取新会计准则实施两年后的 2009 年数据作为样本初始时期。根据研究需要对样本进行预处理：一是去除样本数据中非正常营业的数据，将数据库中的样本分为撤销、筹建、营业、停业等；二是剔除研发投入、财政扶持等重要指标数据为空的样本；三是剔除财务报表信息披露不完整的数据样本；四是销售费用与研究开发费用、总资产与研究开发费用、销售收入与利润总额的比率，小于 1 的需要剔除，因为不合常理；五是为了消除异常值的影响，对连续变量进行 1% 和 99% 分位数的缩尾处理。

经过以上筛选，剔除了 734 个数据缺失的样本数据，选择 9 年 739 个战略性新兴上市公司的 6648 个样本作为研究对象，所剔除的数据不影响样本的代表性。本部分所需解释变量、被解释变量和控制变量选取及定义如下。

5.2.1.1 被解释变量

企业研发投资强度（*rd*）：企业研究投入/企业营业收入，其中研究投入用 Wind 数据库中"研发费用"的百分比表示。企业研发投资指标不是上市公司

---

① 数据来自 Wind 资讯金融终端和国泰安数据库。

强制披露的信息，样本的部分数据可以直接通过 Wind 数据库获得，缺失的部分数据用财务报表中"管理费用"科目下的费用化的研发费用，或"无形资产"科目下"开发支出"中的资本化的研发费用来补充（刘振，2014；李伟，2014；蒲文燕，2016；孙晓华，2017）。

5.2.1.2 解释变量

（1）财政扶持率（sub）：财政扶持/企业营业收入 × 100%，其中财政扶持根据上市公司年度报表附注中的"营业外收入"项目中披露的财政扶持具体原因情况进行手工整理。参考熊和平等（2016）、杨向阳和童馨乐（2014）以及余明桂（2010）的做法，以上市公司年报营业外收入项目附注中的财政扶持为主进行研究。该项只包含了政府对企业进行的显性扶持而没有政府对企业的隐性扶持，比如税收优惠、土地优惠、其他利得等。

（2）财政扶持率的平方（sub^2）：根据熊和平等（2016）以及武咸云等（2016）的研究结论，财政扶持对企业自身研发投资之间可能存在非线性关系，其系数 β_0 显著为正或显著为负代表财政扶持与企业研发投资之间存在"U"型或倒"U"型关系，系数不显著，则代表财政扶持与企业研发投资之间呈线性关系。

5.2.1.3 控制变量

（1）公司规模（ln_asset）：由于规模较大的企业因融资便利、资本充足而可能投入更多的研发费用，因此将其作为控制变量（Wallsten，2000；Mendigorri，2016；Peng，2016；张彩江，2016；杨国超，2017），通过"资产总计"的对数进行衡量，数据来源于 Wind 数据库的"资产总计"。

（2）资产负债率（lev）：资产负债率反映公司的资本结构，而公司资本结构是公司计算投资项目贴现率的基础，可以衡量公司的风险状况。因此，对科研投入也会产生一定的影响，所以资产负债率也是控制变量（Tzelepis，2004；王燕妮，2013；吴祖光，2013；刘行，2014；许罡，2017），数据可以在 Wind 数据库中找到。

（3）资本密集度（*cap*）：资本密集度 = 固定资产净额/企业员工数 × 100%，相对于劳动密集型企业，资本密集型企业可能更注重企业研发投资，因而有理由将资本密集度纳入控制变量（Lichtenberg，1987；Verspagen，1997；欧阳峣，2012；Moreau，2013；Ortgiese，2016），数据来源于 Wind 数据库中"固定净资产"和"员工总数"。

（4）企业年龄（*age*）：企业上市后会更加严格要求自己，对企业的创新能力会存在更高要求，成立时间长的企业在资本上存在优势，而新企业顺应时代发展，在创新方面又需要很多财政政策扶持，因此，企业年龄对其创新与研发行为也会产生影响（Philips，1966；周亚虹，2007；周宏，2014；张延禄，2015；张玉明，2016），选择企业的累计上市年份作为数据，数据来源于 Wind 数据库中"成立日期"。

（5）销售净利率（*net*）：销售净利率 = 净利润/销售额 × 100%，企业获得利润越高，可支配金额数量越大，为提高企业的竞争力，需要大量资金投入研发，因此，有理由认为销售净利率的提高对企业研发投资具有正向影响作用（Zúñiga – Vicente，2014；Jaisinghani，2016；HsiaoFen，2017；Jung，2017；汤二子，2012），数据来源于企业财务报表中的"净利润率"。

（6）净资产收益率（*roe*）：净资产收益率是体现股东权益的收益水平指标，在研究企业研发投资水平时，带来的收益很大程度上反映在净资产收益率中，所以将其纳入控制变量的范围（Verspagen，1997；Moreau，2013；欧阳峣，2012；沈能，2013；朱焱，2013），数据来源于公司财务报表中的"净资产收益率"。

（7）前十大股东持股比例（*shold*）：前十大股东持股比例反映了股权集中程度，前十大股东持股比例越高，公司股权越集中。在公司决策时，公司股权过于集中会对公司研发投资决策造成影响，进而造成公司利益的损失，因而将其纳入控制变量的范围（Freeman，1984；Aboody，2000；Tzelepis，2004；Dalziel，2011；翟淑萍，2016），数据来源于 Wind 数据库中"前十大股东持股比例"。

（8）科研人员数量（*st*）：科研人员数量在一定程度上反映了企业科研规

模的大小，对科研投入也会造成影响，因此加入科研人员数量作为控制变量（安同良，2009；封伟毅，2012；Taymaz，2013；陈凯华，2012；Hosseini，2017），数据来源于 Wind 数据库中"科研人员数量"。

此外，本书还对企业的产权性质、行业和所在地区进行控制，其中产权性质（*pror*）除较其他文献区别国有和非国有，把样本企业区分为中央国有、地方国有、公众、民营、外资和其他企业；行业（*group*）则分别依据节能环保、新一代信息技术、生物、高端装备制造、新能源、新材料、新能源汽车、数字创意、其他服务业 9 个子行业对样本企业进行行业划分；地区（*prov*）则将我国 30 个省份界定为东部地区（*east*）、中部地区（*mid*）和西部地区（*west*）。本章变量的定义及说明如表 5 - 2 所示。

表 5 - 2   变量定义及说明

变量类型	变量名称	变量代码	变量含义及说明
被解释变量	企业研发投资强度	rd	企业研发投资/企业营业收入 × 100%
解释变量	财政扶持率	sub	财政扶持/企业营业收入 × 100%
	财政扶持率的平方	sub^2	(财政扶持/企业营业收入 × 100)^2
控制变量	公司规模	ln_asset	公司资产总额取对数
	资产负债率	lev	负债总计/总资产 × 100%
	资本密集度	cap	固定资产净额/企业员工数 × 100%
	企业年龄	age	企业上市的年限
	销售净利率	net	净利润/销售额 × 100%
	净资产收益率	roe	税后利润/所有者权益 × 100%
	前十大股东持股比例	$shold$	企业内前十大股东持股比例总和
	科研人员数量	st	参与科技研发的人员数量
	行业	$group$	$group1 \sim group9$ 分别代表 9 类不同行业，考虑共线性问题，主模型中只加入 $group1 \sim group8$ 共 8 个虚拟变量，分组讨论时会全部考虑
	产权性质	$pror$	$pror1 \sim pror4$ 分别代表中央国有企业、地方国有企业、民营企业和其他企业，考虑共线性问题，主模型中只加入 $pror1 \sim pror3$ 共 3 个虚拟变量
	地区	$prov$	$east$ 为东部地区、mid 为中部地区、$west$ 为西部地区

控制变量的选取旨在降低模型因遗漏变量或样本选择造成的回归偏误，为了进一步说明控制变量选取的合理性，克服样本选择偏误，本书将样本按照是否接受过政府惩罚分为两组，通过赫克曼（1997）提出的倾向得分匹配方法对两组样本进行匹配，匹配后的误差消减情况说明控制变量选取的合理性（见表 5－3）。

表 5－3   匹配后误差消减情况

序号	变量	样本	均值		标准偏误（%）	误差消减（%）	T-test	
			处理组	对照组			T	P＞t
1	ln_asset	Unmatched	21.4240	21.0980	25.2	89.8	7.19	0.000
2		Matched	21.4240	21.4570	－2.5		－0.67	0.506
3	st	Unmatched	3.4365	3.3853	7.1	76.7	2.19	0.029
4		Matched	3.4365	3.4245	1.7		0.45	0.655
5	roe	Unmatched	2.0840	2.4296	－34.6	83.1	－10.62	0.000
6		Matched	2.0840	2.1425	－5.9		－1.57	0.116
7	age	Unmatched	2.5942	2.5267	16.4	99.3	4.97	0.000
8		Matched	2.5942	2.5937	0.1		0.03	0.973
9	pro	Unmatched	2.0432	2.3687	－32.6	78.6	－9.96	0.000
10		Matched	2.0432	2.1128	－7.0		－1.83	0.168
11	st	Unmatched	7.3565	7.1024	20.9	92.2	6.31	0.000
12		Matched	7.3565	7.3763	－1.6		－0.44	0.664
13	cap	Unmatched	12.0740	11.7510	26.8	90.9	8.02	0.000
14		Matched	12.0740	12.1030	－2.4		－0.70	0.487
15	Shold	Unmatched	22.1280	21.5930	21.3	91.4	7.21	0.000
16		Matched	22.1280	22.1460	－1.7		－0.62	0.267

从表 5－3 结果可以看出，如果以均值的标准偏误作为评判标准的平行假设检验情况，标准偏误在匹配后误差消减均超过 76%。同时，t 检验的结果表明：匹配前后，各个变量的均值差异性由显著变为不显著，说明平行假设基本得到了满足。从误差消减情况看，所有控制变量都较为显著，处理组和对照组在匹配后各控制变量均值差异都不再显著，表明匹配后两组不再存在显

著特征差异，匹配符合研究要求。这就是说，处理组和对照组各方面的特征在匹配后近乎无异，至此，本书得到了一个比较好的匹配结果，也说明本书选择的控制变量较为合理。

5.2.2　实证检验模型设定

本章旨在研究财政扶持对企业研发投资决策的影响，政府通过财政扶持鼓励企业进行符合产业发展方向的研发投资行为，然而相关财政扶持对企业研发投资存在激励效应和挤出效应的双重可能性，因此，和财政扶持政策配套的惩罚政策是战略性新兴产业财政扶持对企业研发投资决策影响的关键。因而，有必要建立财政扶持与企业研发投资之间的回归模型，用来观察战略性新兴产业的财政扶持与企业研发投资决策的关系。本书将采用面板数据的固定效应模型进行计量分析，将财政扶持作为自变量，将企业研发投资强度作为因变量。同时，对于影响企业研发投资强度的其他影响因素，添加相关控制变量。此外，新产品定价、成本和市场需求虽然难以由直接统计数据得到，但企业规模和销售利润率在某种程度上可以反映出其作用。

$$rd_{it} = \beta_0 + \beta_k sub_{i,t-k} + \alpha_k sub^2_{i,t-k} + \sum_{j=1}^{n} \gamma_j control + \mu_{it} \qquad (5.10)$$

本章将财政扶持作为关键解释变量，企业研发投资强度作为因变量，对企业的产权性质、行业和所在地区进行控制，此外，根据中国战略性新兴行业的特点，依次加入控制变量。

5.3　财政扶持对企业研发投资影响的实证分析

5.3.1　变量描述性分析

表 5 - 4 是变量的描述性统计结果。从表中可以看出，在 2009 ~ 2017 年，企业研发投资强度均值整体呈现上升趋势，尤其在 2010 年后，企业研发投资

强度逐年增加，从 2010 的 0.0401 增加到 2017 年的 0.0696，但是增长速度仍然比较缓慢，与发达国家相比还是有一定的差距。对于财政扶持强度，其均值整体呈现下降趋势，2010 年可达到 0.0459，而 2017 年仅为 0.0063，这并不是说明财政扶持强度降低了，而是由于战略性新兴企业逐渐增多，财政扶持强度难以维持相同水平增长，所以整个战略性新兴产业财政扶持的平均值会相应地减少。此外，还可以看出，2009～2017 年，企业的规模和资产负债率均值整体呈现上升趋势，也可能是战略性新兴企业发展态势良好，企业规模逐渐扩大，对资金的需求更大、需要多方融资所导致。但是，企业的销售净利率和资产收益率均值逐渐降低，这可能与企业扩大生产和销售而导致的相关管理费用的增长和相对于公司资产增长较为缓慢的业绩水平增长有关，企业必须重视二者的变化情况，提高自身的经营管理水平。但是比较乐观的是，企业的科研员工数量逐年稳步增高，为企业的长期稳定发展提供了人才保证。

表 5 - 4　　　　　　　　　描述性统计分析

年份		rd	sub	ln_asset	lev	cap	age	net	roe	shold	st
2009	Min	0.0003	0.0000	17.31	1.78	0.24	1.79	-36.98	-96.22	14.94	0.00
	Max	0.9480	0.1168	25.65	91.17	617.18	29.99	67.52	96.98	100.00	92.27
	Mean	0.0525	0.0087	20.27	41.81	38.63	10.96	15.65	23.97	42.88	1.55
2010	Min	0.0000	0.0000	18.09	1.58	0.20	0.03	-28.53	-41.54	11.01	0.25
	Max	0.9920	4.2698	28.51	200.30	2054.07	44.24	94.32	120.70	94.67	93.05
	Mean	0.0401	0.0459	21.21	39.99	60.77	12.23	17.26	17.95	51.03	2.55
2011	Min	0.0000	0.0000	16.84	1.49	0.45	1.03	-93.17	-87.12	10.37	0.21
	Max	1.2940	0.9800	28.51	169.57	5881.69	45.24	267.45	122.81	100.00	96.60
	Mean	0.0513	0.0319	21.17	37.36	99.35	13.27	14.95	15.34	55.45	24.07
2012	Min	0.0001	0.0000	17.61	2.39	0.39	2.03	-81.17	-44.81	10.91	1.52
	Max	1.0757	0.7678	28.81	111.22	3660.66	46.24	198.87	131.23	94.43	96.32
	Mean	0.0583	0.0303	21.37	37.50	96.68	14.29	13.05	12.01	56.90	24.51

年份		rd	sub	ln_asset	lev	cap	age	net	roe	shold	st
2013	Min	0.0001	0.0000	18.20	2.44	0.31	3.03	−77.96	−143.79	10.57	0.30
	Max	0.5502	0.4255	29.02	103.61	2643.23	47.24	266.66	137.20	100.00	96.11
	Mean	0.0599	0.0215	21.59	39.64	79.93	15.23	12.19	10.63	54.54	25.36
2014	Min	0.0001	0.0000	17.81	2.08	0.08	4.03	−52.37	−123.11	3.20	0.89
	Max	2.8387	0.4914	30.40	110.85	2257.43	48.24	211.15	83.40	100.00	96.01
	Mean	0.0631	0.0186	21.84	41.38	66.29	16.23	13.18	11.07	55.28	26.22
2015	Min	0.0000	0.0000	18.64	1.97	0.07	5.03	−107.83	−96.19	15.95	0.40
	Max	1.8220	2.0417	30.51	94.92	1981.69	49.24	204.77	133.06	100.00	93.35
	Mean	0.0635	0.0212	22.13	41.28	46.01	17.31	12.03	9.87	55.95	27.27
2016	Min	0.0000	0.0000	18.96	1.96	0.38	6.03	−155.68	−103.26	16.25	0.51
	Max	4.3412	0.4145	30.61	98.49	1580.80	50.24	202.41	70.71	100.00	93.90
	Mean	0.0675	0.0190	22.36	40.71	45.85	18.35	12.25	8.48	56.72	28.62
2017	Min	0.0000	0.0000	18.65	3.60	0.16	7.03	−116.70	−61.54	13.98	0.69
	Max	3.6500	0.3839	29.50	95.88	1551.46	51.24	123.69	92.96	97.27	95.03
	Mean	0.0696	0.0063	22.47	41.90	47.75	19.28	10.94	7.93	55.50	29.76

5.3.2　变量相关性分析

为初步检验财政扶持对企业研发投资行为的影响，对主要变量进行了皮尔森相关性检验，检验结果如表 5-5 所示。可以看出，企业研发投资强度 rd 与财政扶持 sub 之间的皮尔森相关系数正相关，且在 1% 的水平上显著，这表明财政扶持水平越高，企业研发投资强度越大，财政扶持的研发投资激励效应机理及相应研究假设得到初步验证。自变量与其他控制变量、控制变量与其他控制变量之间的皮尔森相关系数都在 0.6 以下，这表明自变量与其他控制变量、控制变量与其他控制变量之间不存在严重的多重共线性问题。同时，所选控制变量除前十大股东持股比例外，均与企业研发投资强度具有显著的相关性，所选控制变量较合理，在实证研究中对其进行控制，进一步提升了研究的科学性。

表 5 - 5　　主要变量间相关性系数

	Z-score	rd	sub	ln_asset	lev	cap	age	net	roe	shold	st
rd	0.119***	1.000	—	—	—	—	—	—	—	—	—
sub			1.000	—	—	—	—	—	—	—	—
ln_asset	-0.158***	-0.111***		1.000	—	—	—	—	—	—	—
lev	-0.325***	-0.070***		0.429***	1.000	—	—	—	—	—	—
cap	-0.191***	-0.008		0.129***	0.181***	1.000	—	—	—	—	—
age	-0.043***	-0.055***		0.415***	0.108***	0.027*	1.000	—	—	—	—
net	0.097***	0.060***		-0.205***	-0.351***	-0.108***	-0.195***	1.000	—	—	—
roe	-0.044***	0.023		-0.324***	-0.0120	-0.070***	-0.316***	0.598***	1.000	—	—
shold	-0.0010	-0.007		0.227***	-0.205***	-0.094***	0.029*	0.074***	-0.169***	1.000	—
st	0.403***	0.011		0.076***	-0.235***	-0.234***	0.210***	0.057***	-0.140***	0.056***	1.000

注：表中为皮尔森相关系数。***代表在 1% 水平（双侧）显著；**代表在 5% 水平（双侧）显著；*代表在 10% 水平（双侧）显著。

为考察模型的多重共线性问题，本书对所有解释变量和控制变量的方差膨胀因子（*VIF*）进行检验，检验结果如表 5 – 6 所示。

表 5 – 6   变量方差膨胀因子（*VIF*）检验

变量	*sub*	ln_*asset*	*lev*	*age*	*cap*	*pro*	*roe*	*st*	*shold*	mean
VIF	1.08	5.13	2.06	1.20	1.78	3.90	3.39	4.30	3.71	2.86

由表 5 – 6 可知，所有解释变量和控制变量的方差膨胀因子（*VIF*）进行检验的最大值为 5.13，均值为 2.86，均小于 10，说明所构建的实证模型不存在多重共线性问题。

5.3.3 财政扶持对企业研发投资影响的实证检验结果

为检验财政扶持对企业研发投资的激励效应（挤出效应）研究假设，基于上述构建的实证模型，分别采用面板混合回归、面板固定效应和面板随机效应方法进行实证检验。在进行模型估计前，对模型（5.1）的设定均进行了Hausman 检验，统计量的伴随概率最终选择随机效应模型进行报告。由于数据是"大 N 小 T"型面板数据，为了消除异方差，选用 robust 标准差进行估计。利用上述随机效应模型进行实证分析，依次加入控制变量得到回归结果（2）~（9），如表 5 – 7 所示。

从表 5 – 7 的回归结果可以看出：财政扶持率（*sub*）的系数在 1% 水平上显著为正，财政扶持率的平方（sub^2）的系数在 1% 水平上显著为负，这表明 sub^2 与企业研发投资之间存在显著的负相关关系。由此可见，企业的研发投资与财政扶持之间并非简单的线性关系，而是呈现符合二次函数特点的倒"U"型关系：当新产品收益小于原产品收益时，企业将因新产品的市场需求不够充足或者成本过高而产生损失，但是随着财政扶持强度的增加，企业在新产品的投资研发上，有了更充足的资金来源，则会增加自身的研发投资，以尽快完成新产品的开发、扩大市场需求、降低成产成本，进而弥补研发投资的成本投入，验证了假设 5.1。而当新产品的开发达到一定程度，收益逐渐大于原产品后，政府扶持并不会对企业继续进行研发投资产生更多的激励作用，

表 5 – 7　财政扶持对企业研发投资影响的回归结果

变量	(1)	(2)	(3)	(4)	(5)	(6)	(7)	(8)	(9)
sub	0.456*** (0.0516)	0.495*** (0.0525)	0.473*** (0.0526)	0.473*** (0.0526)	0.505*** (0.0525)	0.543*** (0.0511)	0.545*** (0.0512)	0.544*** (0.0513)	0.547*** (0.0511)
$sub(T-1)$	0.0539*** (0.0187)	0.0662*** (0.0189)	0.0637*** (0.0188)	0.0627*** (0.0188)	0.0744*** (0.0188)	0.0731*** (0.0183)	0.0732*** (0.0183)	0.0732*** (0.0183)	0.0752*** (0.0182)
$sub(T-2)$	0.0415** (0.0186)	0.0468** (0.0186)	0.0444** (0.0186)	0.0438** (0.0186)	0.0446** (0.0184)	0.0378** (0.0179)	0.0382** (0.0179)	0.0382** (0.0180)	0.0386** (0.0179)
sub^2	-0.507*** (0.177)	-0.607*** (0.179)	-0.548*** (0.178)	-0.550*** (0.178)	-0.621*** (0.178)	-0.714*** (0.173)	-0.719*** (0.173)	-0.719*** (0.173)	-0.721*** (0.172)
$sub^2(T-1)$	-0.0133*** (0.00492)	-0.0159*** (0.00495)	-0.0153*** (0.00494)	-0.0150*** (0.00494)	-0.0178*** (0.00493)	-0.0175*** (0.00479)	-0.0175*** (0.00479)	-0.0175*** (0.00479)	-0.0180*** (0.00477)
$sub^2(T-2)$	-0.0110** (0.00490)	-0.0119** (0.00490)	-0.0114** (0.00488)	-0.0112** (0.00488)	-0.0116** (0.00485)	-0.00995** (0.00472)	-0.0101** (0.00472)	-0.0100** (0.00473)	-0.0102** (0.00471)
$\ln\_asset$	—	0.0940*** (0.0249)	0.139*** (0.0267)	0.136*** (0.0267)	-0.0221 (0.0377)	0.0594 (0.0372)	0.0626* (0.0376)	0.0622 (0.0396)	0.0527 (0.0395)
lev	—	—	-0.0334*** (0.00728)	-0.0346*** (0.00734)	-0.0360*** (0.00730)	-0.0500*** (0.00718)	-0.0511*** (0.00741)	-0.0510*** (0.00769)	-0.0492*** (0.00767)
cap	—	—	—	0.00126 (0.000987)	0.000234 (0.000996)	-0.0000683 (0.000968)	-0.0000594 (0.000968)	-0.0000554 (0.000978)	0.000111 (0.000975)

续表

变量	(1)	(2)	(3)	(4)	(5)	(6)	(7)	(8)	(9)
age	—	—	—	—	0.0401*** (0.00677)	0.0232*** (0.00671)	0.0234*** (0.00672)	0.0235*** (0.00721)	0.0213*** (0.00720)
net	—	—	—	—	—	-0.0706*** (0.00558)	-0.0733*** (0.00733)	-0.0733*** (0.00734)	-0.0742*** (0.00731)
roe	—	—	—	—	—	—	0.00519 (0.00902)	0.00522 (0.00909)	0.00600 (0.00906)
shold	—	—	—	—	—	—	—	0.000240 (0.00821)	-0.000122 (0.00818)
st	—	—	—	—	—	—	—	—	0.0368*** (0.00768)
行业	控制	控制	控制	控制	控制	控制	控制	控制	控制
产权性质	控制	控制	控制	控制	控制	控制	控制	控制	控制
地区	控制	控制	控制	控制	控制	控制	控制	控制	控制
cons	0.0570*** (0.00115)	-0.233*** (0.0769)	-0.359*** (0.0813)	-0.354*** (0.0814)	0.0267 (0.103)	-0.165 (0.101)	-0.175* (0.103)	-0.175* (0.106)	-0.151 (0.106)
R^2	0.052	0.057	0.064	0.065	0.077	0.129	0.130	0.130	0.137

注：括号中的数据为标准误差，*、**和***分别表示 $p<0.1$、$p<0.05$ 和 $p<0.01$，即在 10%、5% 和 1% 水平上显著。

企业会逐渐撤出自身的研发投资，仅以财政扶持继续新产品开发，财政扶持对企业的研发投资产生了挤出效应，验证了假设5.2。

对于财政扶持率（sub）及财政扶持强度的一期、二期滞后变量（sub（$T-1$）和sub（$T-2$）），这三个变量在表5-7中（1）～（9），逐一加入控制变量的过程中，始终与企业研发投资呈现显著正相关关系。对于扶持率的平方（sub^2）以及财政扶持率的平方的一期、二期滞后变量（$sub^2(T-1)$和$sub^2(T-2)$），这三个变量在表5-7中（1）～（9），逐一加入控制变量的过程中，始终与企业研发投资呈现显著负相关关系。因此，财政扶持强度在当年及之后两年均与企业研发投资呈现倒"U"型的关系，且顶点随时间逐渐向右推移，说明财政扶持随着时间推移对于新产品收益的影响逐渐减小。模型的拟合程度R^2也随着控制变量的加入逐渐增加，模型拟合越来越好，说明控制变量选取较为合理，企业研发投资与财政扶持会受到资产负债率（lev）、企业年龄（age）、销售净利率（net）和科研人员数量（st）等因素影响。

5.3.4 财政扶持对企业研发投资影响的异质性检验

5.3.4.1 行业特征检验

为了进一步分析不同行业下财政扶持对发展战略性新兴产业的企业研发投资强度的影响，接下来分别依据节能环保、新一代信息技术、生物、高端装备制造、新能源、新材料、新能源汽车、数字创意、相关服务业等九大类对样本企业进行行业划分，并对模型（5.1）进行回归，其结果如表5-8的（1）～（9）所示。

从表5-8的回归结果可以看出：总体来看，财政扶持对九大类企业研发投资的影响仍然受企业规模（ln_asset）、资产负债率（lev）、资本密集度（cap）、企业年龄（age）、销售净利率（net）、净资产收益率（roe）、前十大股东持股比例（shold）和科研人员数量（st）等因素影响。在控制这些影响因素后，企业研发投资和财政扶持仍然存在显著非线性相关，但不同的行业其影响程度存在差异。具体来看：

表 5 - 8　　分行业财政扶持对企业研发投资影响的回归结果

变量	(1) group1	(2) group2	(3) group3	(4) group4	(5) group5	(6) group6	(7) group7	(8) group8	(9) group9
sub	0.206 (0.150)	0.415** (0.189)	0.970*** (0.330)	-0.455 (0.424)	0.242*** (0.0796)	0.104 (0.107)	0.421* (0.224)	0.851 (0.673)	-1.066 (1.032)
$sub(T-1)$	0.286** (0.135)	0.299** (0.133)	0.150 (0.162)	0.289 (0.223)	0.0840 (0.0514)	-0.00592 (0.0665)	0.0287 (0.0250)	0.222 (0.449)	0.866*** (0.213)
$sub(T-2)$	0.203** (0.0766)	0.118* (0.0693)	-0.0666 (0.132)	0.182 (0.208)	0.0579 (0.0467)	0.127 (0.0840)	0.0767* (0.0439)	0.664 (0.502)	0.883*** (0.122)
sub^2	1.280*** (0.452)	0.601 (1.625)	-1.873 (2.132)	9.331* (4.663)	-0.413** (0.163)	0.658*** (0.220)	-0.966* (0.544)	-7.400 (5.168)	34.27 (22.90)
$sub^2(T-1)$	-0.414** (0.191)	-0.439* (0.251)	-0.395 (0.245)	-0.936 (1.513)	-0.161* (0.0810)	-0.167 (0.119)	-0.00661 (0.00590)	-0.667 (3.133)	-3.350*** (0.652)
$sub^2(T-2)$	-0.310** (0.117)	-0.204* (0.113)	0.0945 (0.208)	0.0719 (1.332)	-0.0887 (0.0743)	-0.316 (0.214)	-0.0184* (0.0104)	-5.205 (4.127)	-3.191*** (0.399)
$\ln\_asset$	0.0119 (0.0493)	0.0156 (0.178)	-0.256 (0.260)	0.171 (0.131)	0.0480 (0.0573)	-0.0600 (0.119)	0.0879 (0.105)	0.182 (0.297)	-0.121 (0.155)
lev	-0.0265*** (0.00968)	-0.0802*** (0.0254)	-0.0496* (0.0266)	-0.0367 (0.0269)	-0.0415*** (0.0120)	0.00230 (0.0147)	-0.0173 (0.0171)	-0.0920* (0.0514)	-0.0408 (0.0304)
cap	0.00218 (0.00187)	-0.000543 (0.00197)	-0.00198 (0.00617)	-0.00773* (0.00394)	0.000824 (0.00183)	0.00849** (0.00378)	0.00138 (0.00197)	0.00426 (0.00381)	-0.00504 (0.00596)

续表

变量	(1) group1	(2) group2	(3) group3	(4) group4	(5) group5	(6) group6	(7) group7	(8) group8	(9) group9
age	0.0208 (0.0135)	0.0397 (0.0377)	0.0688* (0.0371)	-0.00675 (0.0253)	0.00864 (0.00962)	0.00148 (0.0188)	0.0181 (0.0197)	-0.0241 (0.0403)	0.0178 (0.0377)
net	-0.0130 (0.0194)	-0.0431* (0.0225)	-0.154*** (0.0441)	-0.216*** (0.0710)	-0.0355** (0.0136)	-0.104** (0.0442)	-0.0704* (0.0349)	-0.0664 (0.0808)	-0.0779** (0.0240)
roe	-0.0413*** (0.0131)	-0.0327 (0.0351)	0.123** (0.0592)	0.0793* (0.0395)	0.00357 (0.0150)	0.0258 (0.0287)	0.00848 (0.00655)	0.00616 (0.0988)	0.0999* (0.0508)
shold	-0.0141 (0.0120)	0.00953 (0.0167)	-0.0166 (0.108)	-0.0469 (0.0279)	0.00549 (0.00840)	0.0152 (0.0157)	-0.00510 (0.0322)	-0.0477 (0.0441)	0.0214 (0.0300)
st	0.00330 (0.00985)	0.0281 (0.0268)	0.0288 (0.0355)	0.0256 (0.0346)	0.00207 (0.0135)	0.0554** (0.0242)	0.0124 (0.0155)	0.128** (0.0515)	0.0557 (0.0850)
产权性质	控制	控制	控制	控制	控制	控制	控制	控制	控制
地区	控制	控制	控制	控制	控制	控制	控制	控制	控制
cons	-0.0457 (0.142)	-0.0595 (0.461)	0.686 (0.755)	-0.385 (0.344)	-0.123 (0.157)	0.182 (0.313)	-0.281 (0.298)	-0.432 (0.829)	0.382 (0.411)
R^2	0.400	0.138	0.198	0.647	0.178	0.431	0.294	0.232	0.698

注：括号中的数据为标准误差，*，** 和 *** 分别表示 $p < 0.1$，$p < 0.05$ 和 $p < 0.01$，即在10%、5%和1%水平上显著。

　　对于节能环保、新一代信息技术、新材料、其他服务业的企业，当期财政扶持平方（sub^2）系数为正，而滞后一期、滞后二期的财政扶持平方（$sub^2(T-1)$和$sub^2(T-2)$）系数均为负，说明发展这几类产业的企业研发投资在当年与财政扶持呈现正"U"型的关系，而在之后两年会呈现倒"U"型的关系，即对于当年，起初增加财政扶持无法促进这类产业企业的研发投资，甚至会挤出企业研发投资，产生负向作用，但随着财政扶持强度的不断加大，达到某一临界值后，财政扶持会增加企业研发投资，产生促进作用；而对于之后两年，随着财政扶持强度的增加，企业研发投资会受到激励作用，逐渐增加，但是到达一定程度后，财政扶持依然会对企业研发投资产生挤出效应，使得企业研发投资下降。这几类产业相对于战略性新兴产业的其他五类产业，研发新产品的周期和投资回报周期更长，市场需求较难开拓，短期收益远不及原产品收益，同时较大的资金自主性使得企业短视行为更为明显，将研发投资转投其他更快获得收益的活动，因此只有当期的财政扶持足够大，足以弥补新产品因为市场需求不够充足或者成本过高而产生的损失时，企业才会增加自身的研发投资；而对于滞后期，企业无法回收已投入的研发投资，只有继续加大投入，尽快完成开发，才能获得收益。所以，企业会在新产品收益小于原产品收益时，随着财政扶持增加提高自身研发投资，但当新产品收益超过了原产品收益时，企业的投资积极性就会降低，即使政府加大扶持，也会降低研发投资。

　　新能源、新能源汽车、数字创意这三类企业，当期、滞后一期以及滞后二期的财政扶持率的平方（sub^2、$sub^2(T-1)$和$sub^2(T-2)$）均为负，说明发展这几类产业的企业研发投资在当年至之后两年间，与财政扶持强度均呈现倒"U"型的关系。即财政扶持强度对于企业的研发投资起初起到了积极的促进作用，扶持强度越大，研发投资越多，但到达一定程度后，财政扶持强度的挤出效应开始显现，财政扶持的增加反而导致企业研发投资减少。该三类企业的主要特点是产品、服务的成果转化率高、转化速度快，企业对在相对较短的时间内得到收益有相对乐观的预期。因此，愿意在政府出资扶持时，投入更多的研发资金。

生物行业的企业相对其他行业有较大不同。生物行业仅有当期财政扶持率（sub）系数在99%的水平上显著，呈现显著的正相关关系，而财政扶持率的平方变量系数均不显著，生物行业的企业研发投入与财政扶持的关系更接近于正向的线性关系，即财政扶持越高，激励效应越好，企业研发投资越多。原因可能在于生物行业与普通民众的生活工作等联系更为密切，政府对其他扶持水平也相对更高，在大部分市场情况下，生物行业不必担心市场需求不足或生产成本过高问题，可以放心投入研发资金。而高端装备制造行业仅有当期财政扶持率的平方（sub^2）系数显著为正，则可能是因为其过长的投资回报周期、过高的生产研发成本以及较难开拓的市场需求。

5.3.4.2　地区特征检验

本章分别对样本进行区域划分，按照东部、中部和西部地区将企业注册所在地的省份归类，在对模型（5.1）进行回归，其结果如表 5 - 9 中的（1）~（3）所示。

表 5 - 9　　　　　分地区财政扶持对企业研发投资影响的回归结果

变量	（1）	（2）	（3）
	east	*west*	*mid*
sub	0. 484 *** （0. 103）	1. 085 ** （0. 453）	0. 265 （0. 161）
sub(*T* - 1)	0. 221 *** （0. 0777）	0. 155 （0. 209）	0. 0126 （0. 0283）
sub(*T* - 2)	0. 131 *** （0. 0434）	- 0. 0427 （0. 105）	0. 0231 （0. 0287）
sub^2	- 0. 694 *** （0. 249）	- 1. 615 （3. 069）	- 0. 123 （0. 584）
sub^2(*T* - 1)	- 0. 385 ** （0. 187）	- 0. 176 （0. 274）	- 0. 00272 （0. 00653）

续表

变量	(1) *east*	(2) *west*	(3) *mid*
$sub^2(T-2)$	-0.262 ** (0.103)	0.102 (0.167)	-0.00577 (0.00669)
ln_*asset*	0.0375 (0.0864)	0.0659 (0.156)	0.155 (0.0934)
lev	-0.0506 *** (0.0112)	-0.00110 (0.0469)	-0.0388 ** (0.0171)
cap	0.000462 (0.00141)	-0.00630 (0.00549)	0.00243 (0.00249)
age	0.0212 (0.0139)	0.0186 (0.0310)	0.00961 (0.0130)
net	-0.0559 *** (0.0142)	-0.214 *** (0.0598)	-0.0136 (0.0230)
roe	-0.0111 (0.0139)	0.193 *** (0.0654)	-0.0628 ** (0.0240)
shold	0.00802 (0.00936)	-0.0879 (0.0607)	-0.00927 (0.0203)
st	0.0353 ** (0.0176)	0.0669 (0.0453)	0.0489 *** (0.0159)
行业	控制	控制	控制
产权性质	控制	控制	控制
cons	-0.109 (0.235)	-0.156 (0.439)	-0.451 * (0.264)
R^2	0.117	0.420	0.288

注：括号中的数据为标准误差，＊、＊＊和＊＊＊分别表示 $p < 0.1$、$p < 0.05$ 和 $p < 0.01$，即在 10%、5% 和 1% 水平上显著。

从表 5-9 的回归结果可以看出：总体来看，财政扶持对三个地区企业研发投资的影响仍然受企业规模（ln_asset）、资产负债率（lev）、资本密集度（cap）、企业年龄（age）、销售净利率（net）、净资产收益率（roe）、前十大股东持股比例（shold）和科研人员数量（st）等因素影响。在控制这些影响因素后，企业研发投资和财政扶持仍然存在显著非线性相关，但不同的地区其影响程度存在差异。

对于东部地区和中部地区，政府对发展战略性新兴型产业的企业进行扶持，财政扶持强度对企业研发投资的影响无论在当期、滞后一期还是滞后二期均表现为财政扶持率的平方与企业研发投资负相关，即二者呈现倒"U"型的关系，且东部地区在5%和10%的水平上显著。对于西部地区，除当期财政扶持率（sub）在5%水平上呈现显著正相关外，其他各个变量的回归结果均不显著，西部地区的企业研发投入与财政扶持的关系更接近于正向的线性关系。东部地区经济更发达、产业相对多样化，对于战略性新兴产业的产品、服务的需求更高，更加成熟的技术与设备也降低了企业的生产成本。但是一定程度后，企业的研发投资积极性会下降。因此东部地区不但在各个时段均呈现倒"U"型的关系，而且更加显著。西部地区作为我国潜力极大的发展地区，尽管经济相对落后，但是政策扶持力度大，土地成本、设备成本等多项成本优势明显，对于西部发展的支持与期望使得西部在发展战略性新兴型产业时，更加关注产出成果而非投入，企业会随着财政扶持强度的提高，增加自身的研发投资。当然，中部地区与西部地区均未得到显著的倒"U"型结果，这可能也与两地区样本量较少有关。

5.3.4.3 产权性质特征检验

本章考察不同产权性质下财政扶持对发展战略性新兴产业的企业研发投资强度的影响，接下来分别依据所属产权性质为国有还是非国有对样本企业进行划分：（1）代表中央国有企业；（2）代表地方国有企业；（3）代表民营企业；（4）代表其他企业。最后对模型（5.1）进行回归，其结果如表5-10的（1）~（4）所示。

表 5 – 10　　　　　　分产权性质财政扶持对企业研发投资影响的回归结果

变量	（1） *pror*1	（2） *pror*2	（3） *pror*3	（4） *pror*4
sub	− 0. 0929 （0. 234）	0. 0539 （0. 0580）	0. 310 （0. 190）	0. 709 ** （0. 284）
sub（T − 1）	0. 0910 （0. 122）	− 0. 0173 （0. 0672）	0. 0527 （0. 0392）	0. 442 *** （0. 124）
sub（T − 2）	0. 182 ** （0. 0806）	0. 100 * （0. 0568）	0. 0249 （0. 0266）	0. 115 （0. 124）
sub^2	3. 558 * （1. 947）	− 0. 0617 （0. 141）	2. 044 （2. 494）	− 0. 365 （0. 476）
sub^2（T − 1）	− 0. 145 （0. 177）	0. 0503 （0. 139）	− 0. 0128 （0. 00915）	− 0. 772 *** （0. 224）
sub^2（T − 2）	− 0. 240 ** （0. 118）	− 0. 236 * （0. 139）	− 0. 00686 （0. 00617）	− 0. 127 （0. 260）
ln_*asset*	− 0. 205 * （0. 116）	− 0. 119 * （0. 0686）	0. 0653 （0. 0875）	0. 309 * （0. 156）
lev	− 0. 00924 （0. 0155）	− 0. 0295 ** （0. 0121）	− 0. 0508 *** （0. 0121）	− 0. 0612 ** （0. 0248）
cap	0. 00172 （0. 00302）	0. 00100 （0. 00134）	0. 000317 （0. 00175）	− 0. 00291 （0. 00441）
age	0. 0416 *** （0. 0123）	0. 0434 *** （0. 0153）	0. 00943 （0. 0155）	0. 0262 （0. 0327）
net	0. 0131 （0. 0191）	− 0. 00352 （0. 0188）	− 0. 0784 *** （0. 0216）	− 0. 0885 * （0. 0480）
roe	− 0. 0434 * （0. 0220）	− 0. 00498 （0. 00578）	0. 00718 （0. 0215）	0. 0145 （0. 0521）

续表

变量	(1)	(2)	(3)	(4)
	$pror1$	$pror2$	$pror3$	$pror4$
$shold$	− 0.00523 (0.0258)	0.00192 (0.0125)	− 0.00244 (0.0123)	− 0.00385 (0.0316)
st	− 0.0279 (0.0238)	0.00884 (0.00927)	0.0418** (0.0203)	0.0553* (0.0314)
行业	控制	控制	控制	控制
地区	控制	控制	控制	控制
$cons$	0.580* (0.323)	0.288 (0.176)	− 0.151 (0.236)	− 0.945** (0.448)
R^2	0.199	0.145	0.132	0.397

注：括号中的数据为标准误差，*、** 和 *** 分别表示 $p<0.1$、$p<0.05$ 和 $p<0.01$，即在 10%、5% 和 1% 水平上显著。

从表 5 – 10 的回归结果可以看出：总体来看，财政扶持对四类不同产权性质的企业研发投资的影响仍然受企业规模（ln_asset）、资产负债率（lev）、资本密集度（cap）、企业年龄（age）、销售净利率（net）、净资产收益率（roe）、前十大股东持股比例（$shold$）和科研人员数量（st）等因素影响；在控制这些影响因素后，企业研发投资和财政扶持仍然存在显著非线性相关，但不同产权性质的企业其影响程度存在差异。

对于当期财政扶持率的平方（sub^2），中央国有企业的系数显著为正，民营企业虽然结果不够显著，但系数也为正数，说明对于中央国有企业和民营企业，二者当期的企业研发投资与财政扶持之间呈现正"U"型关系；而地方国有企业和其他企业的系数为负数，说明对于地方国有企业和其他企业，二者当期的企业研发投资与财政扶持之间呈现倒"U"型关系。这四类产权性质企业结果存在差异，究其原因可能是样本中的中央国有企业大多分布在高端装备制造、新一代信息技术以及新材料行业，其研发新产品的费用较大，开发周期较长，短期收益远不及原产品收益；而民营企业对于盈利水平的追求更为迫切，短视效应更加显著，可能会放弃研发投资而投向更快盈利的项目，同时其自身的资金及来源有限，缺乏投入研发资金的积极性，因此只有财政扶持足够大，才能够弥补企业因为市场需求不够充足或者成本过高而产生的损失，企业研发投资才可能增加。

对于滞后的财政扶持率的平方 $sub^2(T-1)$ 和 $sub^2(T-2)$，四类不同产权性质的企业均有负向系数，中央国有企业和地方国有企业滞后二期财政扶持率的平方显著为负，其他企业滞后一期财政扶持率的平方显著为负，说明在财政扶持之后的一至两年中，各产权性质企业的研发投资与财政扶持之间会呈现倒 "U" 型的关系，即财政扶持强度对于企业的研发投资在一定程度内起到了激励作用，财政扶持强度越大，企业研发投资越多，但一旦超过这个程度后，财政扶持强度则会对企业研发投资产生挤出效应，财政扶持的增加反而导致企业研发投资减少。

5.3.5　财政扶持对企业研发投资影响的稳健性检验

为考察以上研究结论的稳健性，本书主要从以下几方面进行稳健性检验：（1）更换企业研发投资强度的代理变量。（2）更换控制变量。分别将企业科研人员数量的代理变量更换为企业员工数量、销售净利润的代理变量更换为营业收入增长率，重复以上回归分析，回归结果及显著性无显著差异，研究结论依然成立，如表 5-11 所示。（3）为进一步减少极端值对回归结果的影响，本书采用 0.25、0.5 和 0.75 分位数回归法重复以上回归分析，回归结果无显著差异，研究结论依然成立，如表 5-12 所示。综上可知，研究结论具有稳健性。

表 5-11　　　　财政扶持对企业研发投资影响的稳健性检验

变量	(1) 托宾 Q 值	(2) 每股股利	(3) 更换控制变量
sub	0.820 *** (0.123)	0.924 ** (0.442)	1.068 (0.112)
$sub(T-1)$	1.368 *** (0.0798)	0.679 ** (0.221)	0.1284 (0.0231)

续表

变量	（1）	（2）	（3）
	托宾 Q 值	每股股利	更换控制变量
$sub(T-2)$	1.531 ***	− 0.1739 *	0.1630 **
	（0.0421）	（0.137）	（0.0215）
sub^2	− 1.367 ***	− 0.260 *	− 1.429 **
	（0.261）	（3.052）	（0.531）
$sub^2(T-1)$	− 1.380 **	− 2.489 **	− 0.2580 *
	（0.153）	（0.242）	（0.0637）
$sub^2(T-2)$	− 0.368 **	1.368 **	− 0.3557 **
	（0.156）	（0.141）	（0.0683）
ln_asset	1.3680	0.0057	0.258
	（0.0854）	（0.131）	（0.0951）
lev	− 2.3458 ***	− 0.25704	− 2.3676 **
	（0.0136）	（0.0431）	（0.0178）
cap	0.000156	− 0.01557	0.05681
	（0.00125）	（0.00536）	（0.00259）
age	0.0156	0.0590	0.00078
	（0.0189）	（0.0335）	（0.0134）
net	− 0.0789 ***	− 1.679 ***	− 0.1589
	（0.0146）	（0.0514）	（0.0216）
roe	− 0.2467	0.290 ***	− 0.1590 **
	（0.0143）	（0.0636）	（0.0216）
$shold$	0.01002	− 0.0490	− 0.00421
	（0.00978）	（0.0610）	（0.0260）
st	0.0679 **	0.0416	0.0590 ***
	（0.0113）	（0.0447）	（0.0113）
行业	控制	控制	控制
地区	控制	控制	控制
产权性质	控制	控制	控制
$cons$	− 0.589	− 0.179	− 0.590 *
	（0.236）	（0.448）	（0.211）
R^2	0.197	0.446	0.283

注：括号中的数据为标准误差，*、** 和 *** 分别表示 $p < 0.1$、$p < 0.05$ 和 $p < 0.01$，即在 10%、5% 和 1% 水平上显著。

表 5 – 12 　　　　　　　财政扶持对企业研发投资影响的分位数回归

变量	(1) *Lower quartile*（0.25）	(2) *Median*（0.5）	(3) *Upper quartile*（0.75）
sub	0.119 (0.0923)	0.291*** (0.107)	0.622*** (0.141)
sub²	−0.0272 (0.273)	−0.0680 (0.388)	−0.146 (0.591)
ln_*asset*	−0.0507*** (0.0111)	−0.0427*** (0.00870)	−0.0470*** (0.0153)
lev	−0.0242*** (0.00299)	−0.0260*** (0.00369)	−0.0356*** (0.00490)
cap	−0.000684** (0.000313)	−0.00292*** (0.000291)	−0.00542*** (0.000871)
age	−0.00277** (0.00114)	−0.00412*** (0.00150)	−0.00906*** (0.00197)
net	0.0138** (0.00680)	0.0130 (0.00981)	0.00300 (0.0116)
roe	0.00476 (0.00433)	−0.00138 (0.00497)	−0.0104 (0.00998)
shold	0.00245 (0.00351)	−0.00366 (0.00336)	−0.0159*** (0.00597)
st	0.0494*** (0.00360)	0.0816*** (0.00648)	0.131*** (0.00857)
行业	控制	控制	控制
产权性质	控制	控制	控制
地区	控制	控制	控制
cons	0.190*** (0.0326)	0.187*** (0.0247)	0.241*** (0.0414)
R^2	0.362	0.362	0.361

注：括号中的数据为标准误差，*、** 和 *** 分别表示 $p<0.1$、$p<0.05$ 和 $p<0.01$，即在 10%、5% 和 1% 水平上显著。

第6章 财政扶持与企业研发投资 对企业绩效的影响

本章认为政府为促进战略性新兴产业的发展，对新一代信息技术、高端装备制造、新材料、生物、新能源汽车、新能源、节能环保、数字创意、相关服务业九大类企业进行扶持的根本目的在于，通过政府干预激励企业对新产品、新技术的研发投资行为，实现企业利润最大化及长远稳定的发展，最终实现更多的经济效益和社会效益。企业研发投资决策到市场化的研发成果转换，直至转化为企业价值，其周期较长、不确定性风险较多，无论是企业开展研发活动，还是将研发成果应用于新产品并市场化，都需要一段较长时间，不能立即带来经济效益，因此导致财政扶持对企业研发投资价值创造影响结果变得复杂。财政扶持是否能够通过影响企业研发投资行为最终实现企业绩效的传导机理并不清晰，战略性新兴产业财政扶持对企业研发投资价值创造的现实效果也有待检验。基于以上问题的思考，本章将在财政扶持下的企业研发投资对企业绩效的影响进行深入研究，以我国战略性新兴产业数据作为研究对象，尝试将财政扶持纳入传统企业研发投资影响企业绩效的理论模型中，揭示财政扶持与企业研发投资对企业绩效的影响机理。

6.1 财政扶持与企业研发投资对企业绩效影响的理论分析

一般认为企业研发活动以正外部效应为主，研发成果的扩散可以促进社会生产的提升，累积社会财富。但是当技术创新成果的扩散是以非自愿方式进行的，虽然其效果能促进企业科技生产力水平的提升，但从长远看，这种不正当的方式将导致研发活动的"市场失灵"。西方早期主流的经济学家认为，当市场处于完全竞争状态时，整个社会的竞争会达到均衡，社会的各项资源配置也达到最优状态，所以政府应该放任市场的自由发展而不是进行干预。然而，自由竞争市场的假设前提并不存在，现实中市场不完备、信息不对称、竞争不完全等现象处处发生，市场并不能促成经济的自由均衡发展，社会资源很难得到有效配置。

　　财政扶持主要是因为企业技术创新研发活动具有投入资源多、研发周期长、不确定性高等特点，成功的研发活动一般需要付出高昂的成本，然而其研发结果却又极易被竞争对手模仿利用。对于科技创新活动，也就是研发活动，由于其在产生的过程中，不可避免地具有溢出效应，跟随企业可以在较小的成本下进行模仿活动。这就使得创新企业在承担所有创新成本与风险的情况下，却不能获得所有的收益，因此很多企业不愿意去做"第一个吃螃蟹的人"，而是等待其他企业在进行科技创新的情况下再进行跟随模仿。当所有企业都采用这种模仿战略时，整个产业会陷入这种博弈困境中，社会创新活动陷入停滞。由于企业无法获得全部的技术创新活动收益，当单一企业进行技术创新研发活动产生的私人收益小于社会收益时，将一定程度上抑制企业技术创新的资金投入积极性，最终导致社会的科技水平降低。

　　根据外部经济理论，当某些经济主体能够拥有巨大的外部经济时，往往能够促进相关产业的发展，但由于这些经济主体不能完全占有这些外部经济，不能发展到帕累托最优状态。以此为背景，由于市场这只"看不见的手"失灵，许多经济学家主张政府进行适当干预，认为如果相关政府能够给予这些经济主体适当的扶持，则能够促进它们的发展，进而促进社会经济的正常运行。与此同时，财政扶持作为企业科技创新进行干预的重要手段，已经被世界各国政府重视。因此，世界各国政府对本国企业进行研发创新活动的激励措施越来越多。

目前，理论界关于财政扶持对企业研发投资价值创造的影响主要有以下观点：首先，财政扶持对于企业研发费用的投入具有一定的补充效应，该观点认为：财政扶持作为企业总利润的补充，可以为企业创新活动提供资金支持，以直接降低企业自有资金的研发成本及未来收益的不确定性，有助于提升企业绩效；其次，通过财政扶持投资于企业基础性的研究，可以降低企业的沉没成本，降低企业的风险，促使企业加强研发活动；再其次，通过对企业进行扶持，提高企业研发活动的预期报酬率，使得原先无利可图或利润率很小的研究项目变得有利可图，以带动各行业研发的积极性；最后，财政扶持具有信号传递作用，可以在资本市场上增加投资者对企业的信心，促使股价上涨，提升企业市场价值。为此，本书提出假设6.1：

假设6.1　财政扶持对当期企业研发投资对企业绩效的影响起正向的中介作用

值得注意的是，财政扶持也可能挤出企业自主研发投资，即财政扶持抑制了企业研发投资对企业绩效的影响。企业的研发投入到成果的市场化应用是个长期的过程，财政扶持的初始投入一定程度弥补了企业研发投入不足，也为投资者带来了较强的信号传递作用，产生较强的激励效应。然而，随着企业研发进一步深入，对财政扶持的依赖使得企业自主研发动力不足，投资者信息传递效应也逐渐减退，对企业研发投入的绩效表现产生一定的挤出效应。一方面，由于中国缺乏健全的市场监管机制，一些短视企业在立项初期获得扶持后，可能放弃本来申请研发周期较长的项目，转而投向能更快盈利的项目上，从而降低未来的企业绩效。另一方面，在转型的经济背景下，由于政府对巨额战略性新兴产业的专项扶持资金有很大的支配权，为企业提供了较大的寻租空间。由于企业资源的有限性，投资于政治寻租活动的超额收益会诱使企业将更多的社会资源和人才从实体投资领域转移到非生产性的寻租活动中，降低企业研发创新的积极性，不利于企业长期发展，从而降低企业内在价值和未来潜力的提升。由此，本书提出假设6.2：

假设6.2　财政扶持将降低未来企业研发投资对企业绩效的影响

6.2　财政扶持与企业研发投资对企业绩效影响的研究设计

6.2.1　数据选取与变量设计

本书选取 2009～2017 年连续 9 年 A 股上市的、与战略性新兴产业相关的企业财务数据作为初始样本①，包括新一代信息技术、新能源、新材料、生物、高端装备制造、节能环保、新能源汽车、数字创意、相关服务业共九大类。由于 2007 年会计准则和审计准则出台新的规定，为了保证数据统计口径的统一，选取新会计准则实施两年后的 2009 年数据作为样本初始时期。根据研究需要对样本进行预处理：一是剔除样本数据中非正常营业的数据，将数据库中的样本分为撤销、筹建、营业、停业等；二是剔除研发投入、财政扶持等重要指标数据为空的样本；三是剔除财务报表信息披露不完整的数据样本；四是销售费用与研究开发费用、总资产与研究开发费用、销售收入与利润总额的比率，小于 1 的需要剔除，因为不合常理；五是为了消除异常值的影响，对连续变量进行 1% 和 99% 分位数的缩尾处理。

经过以上筛选，剔除了 734 个数据缺失的样本数据，选择 9 年 739 个战略性新兴上市公司的 6648 个样本作为研究对象，所剔除的数据不影响样本的代表性。本部分所需解释变量、被解释变量和控制变量选取及定义如下。

6.2.1.1　解释变量

企业研发投资强度（rd）：企业研发投入/企业营业收入，其中研发投入用 Wind 数据库中"研发费用"的百分比表示。企业研发投资指标不是上市公司强制披露的信息，样本的部分数据可以直接通过 Wind 数据库获得，缺失的部分数据用财务报表中"管理费用"科目下的费用化的研发费用，或"无形

---

① 资料来自 Wind 资讯金融终端和国泰安数据库。

资产"科目下"开发支出"中的资本化的研发费用来补充（刘振，2014；李伟，2014；蒲文燕，2016；孙晓华，2017）。

交乘项（$rd \times sub$）：企业研发投资强度×财政扶持率，企业研发投资强度用 Wind 数据库中"研发费用"的百分比表示，财政扶持率用财政扶持/企业营业收入的百分比表示。

6.2.1.2　被解释变量

企业绩效指标（fp）：本书所研究的企业绩效分为两类，一类是企业的短期财务绩效，另一类是企业的长期财务绩效。在以往的实证研究中，大部分关注的重点是盈利能力或其他个别指标。本书以"金融危机"作为对公司财务状况的综合评价方法。金融危机的程度取决于全面的金融信息，如公司的盈利能力，资产流动性和财务杠杆（Johnstone and Bedard，2004）。因此，与单一盈利指标（roa）相比，财务危机概念为公司业绩和财务状况提供了更全面的当前财务表现。盈利的公司也可能遇到现金流问题，无法偿还债务最终将无法生存，这将对公司的价值产生负面影响。本书借鉴朱乃平和朱丽（2014）的做法，采用爱德华·奥特曼的 Z-score 得分值代表企业当下的财务绩效。

6.2.1.3　控制变量

（1）公司规模（ln_asset）：由于规模较大的企业因融资便利、资本充足而可能投入更多的研发费用，因此将其作为控制变量（Wallsten，2000；Mendigorri，2016；Peng，2016；张彩江，2016；杨国超，2017），通过"资产总计"的对数进行衡量，数据来源于 Wind 数据库的"资产总计"。

（2）资产负债率（lev）：资产负债率反映公司的资本结构，而公司资本结构是公司计算投资项目贴现率的基础，可以衡量公司的风险状况。因此，对科研投入也会产生一定的影响，所以资产负债率也是控制变量（Tzelepis，2004；王燕妮，2013；吴祖光，2013；刘行，2014；许罡，2017），数据也来源于 Wind 数据库。

（3）资本密集度（*cap*）：资本密集度 = 固定资产净额/企业员工数 ×
100%，相对于劳动密集型企业，资本密集型企业可能更注重企业研发投资。
因而有理由将资本密集度纳入控制变量（Lichtenberg，1987；Verspagen，
1997；欧阳峣，2012；Moreau，2013；Ortgiese，2016），数据来源于 Wind 数
据库中"固定净资产"和"员工总数"。

（4）企业年龄（*age*）：企业上市后会更加严格要求自己，对企业的创新
能力会存在更高要求，成立时间长的企业在资本上存在优势，而新企业顺应
时代发展，在创新方面又需要很多财政政策扶持。因此，企业年龄对其创新
与研发行为也会产生影响（Philips，1966；周亚虹，2007；周宏，2014；张延
禄，2015；张玉明，2016），选择企业的累计上市年份作为数据，数据来源于
Wind 数据库中"成立日期"。

（5）销售净利率（*net*）：销售净利率 = 净利润/销售额 × 100%，企业获
得利润越高，可支配金额数量越大，为提高企业的竞争力，需要大量资金投
入研发。因此，有理由认为销售净利率的提高对企业研发投资具有正向影响
作用（Zúñiga-Vicente，2014；Jaisinghani，2016；HsiaoFen，2017；Jung，
2017；汤二子，2012），数据来源于企业财务报表中的"净利润率"。

（6）净资产收益率（*roe*）：净资产收益率是体现股东权益的收益水平指
标，在研究企业研发投资水平时，带来的收益很大程度上反映在净资产收益
率中，所以将其纳入控制变量的范围（Verspagen，1997；Moreau，2013；欧
阳峣，2012；沈能，2013；朱焱，2013），数据来源于公司财务报表中的"净
资产收益率"。

（7）前十大股东持股比例（*shold*）：前十大股东持股比例反映了股权集
中程度，前十大股东持股比例越高，公司股权越集中。在公司决策时，公司
股权过于集中会对公司研发投资决策造成影响，进而造成公司利益的损失，
因而将其纳入控制变量的范围（Freeman，1984；Aboody，2000；Tzelepis，
2004；Dalziel，2011；翟淑萍，2016），数据来源于 Wind 数据库中"前十大

股东持股比例"。

（8）科研人员数量（*st*）：科研人员数量在一定程度上反映了企业科研规模的大小，对科研投入也会造成影响，因此加入科研人员数量作为控制变量（安同良，2009；封伟毅，2012；Taymaz，2013；陈凯华，2012；Hosseini，2017），数据来源于 Wind 数据库中"科研人员数量"。

此外，本书还对企业的产权性质、行业和所在地区进行控制，其中产权性质（*pror*）除较其他文献区别国有和非国有，对样本企业还进一步区分为中央国有、地方国有、民营和其他企业；行业（*group*）则分别依据节能环保、新一代信息技术、生物、高端装备制造、新能源、新材料、新能源汽车、数字创意、相关服务业 9 个子行业对样本企业进行行业划分；地区（*prov*）则将我国 30 个省份界定为东部地区（*east*）、中部地区（*mid*）和西部地区（*west*）。本章变量的定义及说明如表 6 - 1 所示。

表 6 - 1 变量定义及说明

变量类型	变量名称	变量代码	变量含义及说明
被解释变量	企业绩效	*fp*	企业的财务绩效指数，采用 *Edward Altman* 的 *Z-score* 得分值代表企业当下的财务绩效
解释变量	企业研发投资强度	*rd*	企业研发投资/企业营业收入 ×100%
	交乘项	*rd × sub*	财政扶持 × 研发投资
控制变量	公司规模	ln_asset	公司资产总额取对数
	资产负债率	*lev*	负债总计/总资产 ×100%
	资本密集度	*cap*	固定资产净额/企业员工数 ×100%
	企业年龄	*age*	企业上市的年限
	销售净利率	*net*	净利润/销售额 ×100%
	净资产收益率	*roe*	税后利润/所有者权益 ×100%
	前十大股东持股比例	*shold*	企业内前十大股东持股比例总和

续表

变量类型	变量名称	变量代码	变量含义及说明
控制变量	科研人员数量	*st*	参与科技研发的人员数量
	行业	*group*	group1 ~ group9 分别代表 9 类不同行业，考虑共线性问题，主模型中只加入 group1 ~ group8 共 8 个虚拟变量，分组讨论时会全部考虑
	产权性质	*pror*	pror1 ~ pror4 分别代表中央国有企业、地方国有企业、民营企业和其他企业，考虑共线性问题，主模型中只加入 pror1 ~ pror3 共 3 个虚拟变量
	地区	*prov*	east 为东部地区、mid 为中部地区、west 为西部地区

控制变量的选取旨在降低模型因遗漏变量或样本选择造成的回归偏误，为了进一步说明控制变量选取的合理性，克服样本选择偏误，本书将样本按照是否接受过政府惩罚分为两组，通过赫克曼（1997）提出的倾向得分匹配方法对两组样本进行匹配，匹配后的误差消减情况说明控制变量选取的合理性（见表 6 - 2）。

表 6 - 2 匹配后误差消减情况

序号	变量	样本	均值		标准偏误（%）	误差消减（%）	T-test	
			处理组	对照组			T	P > t
1	ln_asset	Unmatched	21.4240	21.0980	24.2	89.8	7.19	0.000
2		Matched	21.4240	21.4570	- 2.5		- 0.67	0.506
3	lev	Unmatched	3.4365	3.3853	7.1	76.7	2.19	0.029
4		Matched	3.4365	3.4245	1.7		0.45	0.655
5	roe	Unmatched	2.0840	2.4296	- 34.6	83.1	- 10.62	0.000
6		Matched	2.0840	2.1425	- 5.9		- 1.57	0.116
7	age	Unmatched	2.5942	2.5267	16.4	99.3	4.97	0.000
8		Matched	2.5942	2.5937	0.1		0.03	0.973
9	pro	Unmatched	2.0432	2.3687	- 32.6	78.6	- 9.96	0.000
10		Matched	2.0432	2.1128	- 7.0		- 1.83	0.168

续表

序号	变量	样本	均值		标准偏误	误差消减	T-test	
			处理组	对照组	（％）	（％）	T	P＞t
11	*st*	Unmatched	7.3565	7.1024	20.9	92.2	6.31	0.000
12		Matched	7.3565	7.3763	－1.6		－0.44	0.664
13	*cap*	Unmatched	12.0740	11.7510	26.8	90.9	8.02	0.000
14		Matched	12.0740	12.1030	－2.4		－0.70	0.487
15	*shold*	Unmatched	22.1280	21.5930	21.3	91.4	7.21	0.000
16		Matched	22.1280	22.1460	－1.7		－0.62	0.267

从表 6 - 2 结果可以看出，如果以均值的标准偏误作为评判标准的平行假设检验标准偏误在匹配后消减误差均超过 76％。同时，t 检验的结果表明：匹配前后，各个变量的均值差异性由显著变为不显著，说明平行假设基本得到了满足。从误差消减情况看，所有控制变量都较为显著，处理组和对照组在匹配后各控制变量均值差异都不再显著，表明匹配后两组不再存在显著特征差异，匹配符合研究要求。这就是说，处理组和对照组各方面的特征在匹配后近乎无异。至此，本书得到了一个比较好的匹配结果，也说明本书选择的控制变量较为合理。

6.2.2 研究模型

为了初步研究财政扶持对企业研发投资和企业绩效的影响，引入财政扶持作为交叉项，构建财政扶持下的企业研发投资对企业绩效的影响模型，分别采用混合多元回归、面板固定效应和面板随机效应方法进行实证检验。

设：rd_{it} 为第 i 个企业在第 t 年的研发投资强度；sub_{it} 为第 i 个企业在第 t 年的财政扶持率；n 为控制变量的个数；$control$ 为一系列控制变量。

$$fp_{it} = \beta_0 + \beta_1 rd_{it} + \alpha_1 rd_{it} sub_{it} + \sum_{j=1}^{n} \gamma_j control + \mu_{it} \qquad (6.1)$$

根据上述理论分析和研究假设，无论是企业开展研发活动，还是将研发成果应用于新产品并市场化，都需要一段较长时间，不能立即带来经济效益。研发投资是为了提高企业长期的市场绩效，投资回报也具有明显的滞后性特征。因此，引入滞后项考查财政扶持与企业研发投资对企业绩效的跨期影响，构建模型如下：

$$fp_{i,t} = \beta_0 + \beta_k rd_{i,t-k} + \alpha_k rd_{i,t-k} sub_{i,t-k} + \sum_{j=1}^{n} \eta_j control + \nu_i + \mu_{it} \quad (6.2)$$

其中：β_0 是常数项；ν_i 表示个体不可观测效应，衡量企业间的异质性；μ_{it} 表示随机误差项。

　　模型（6.1）描述的是在考虑中介作用的情况下，企业研发投资对企业绩效的影响过程，用于检验假设 6.1 和假设 6.2。由于当期财政扶持与上期财政扶持均可能对研发投资产生影响，因而模型中引入滞后期的概念。模型（6.2）描述的是在考虑滞后性的前提下，财政扶持影响企业研发投资对企业绩效的影响过程。研发投资与财政扶持的乘积项衡量的是政府干预对企业研发投资价值的中介效应，如果系数显著为正，则说明财政扶持有效激励了研发投资的价值创造能力；如果系数显著为负，则说明财政扶持挤出了研发投资的价值创造能力；如果系数不显著，则说明财政扶持对研发投资价值创造没有影响。

6.3　财政扶持与企业研发投资对企业绩效影响的实证分析

6.3.1　变量相关性检验

　　为检验财政扶持与企业研发投资对企业绩效的影响，对主要变量进行皮尔森相关性检验，检验结果如表 6-3 所示。从表中可以看出，企业研发强度 rd 与企业绩效 fp 的相关系数为正，且在 1% 的水平上显著，表明企业研发强度越高，企业绩效越好。财政扶持率（sub）与企业绩效（fp）的相关系数为正，并且在 1% 的水平上显著，即财政扶持越多，企业绩效越好。此外，通过表 6-3 可以看出，自变量之间、自变量与控制变量、控制变量和其他控制变量间的皮尔森相关系数均小于 0.6，表明自变量之间、自变量与其他控制变量、控制变量与其他控制变量之间不存在严重的多重共线性问题。

表 6 - 3   主要变量间相关性系数

	fp	rd	sub	ln_asset	lev	cap	age	net	roe	shold	st
fp	1.000	—	—	—	—	—	—	—	—	—	—
rd	0.325***	1.000	—	—	—	—	—	—	—	—	—
sub	0.072***	0.119***	1.000	—	—	—	—	—	—	—	—
ln_asset	-0.325***	-0.158***	-0.111***	1.000	—	—	—	—	—	—	—
lev	-0.837***	-0.325***	-0.070***	0.429***	1.000	—	—	—	—	—	—
cap	-0.263***	-0.191***	-0.008	0.129***	0.181***	1.000	—	—	—	—	—
age	-0.0230	-0.043***	-0.055***	0.415***	0.108***	0.027*	1.000	—	—	—	—
net	0.370***	0.097***	0.060***	-0.205***	-0.351***	-0.108***	-0.195***	1.000	—	—	—
roe	0.0210	-0.044***	0.023	-0.324***	-0.0120	-0.070***	-0.316***	0.598***	1.000	—	—
shold	0.267***	-0.0010	-0.007	0.227***	-0.205***	-0.094***	0.029*	0.074***	-0.169***	1.000	—
st	0.256***	0.403***	0.011	0.076***	-0.235***	-0.234***	0.210***	0.057***	-0.140***	0.056***	1.000

注: 表中为皮尔森相关系数。*** 代表在1%水平（双侧）显著；** 代表在5%水平（双侧）显著；* 代表在10%水平（双侧）显著。

为考察模型的多重共线性问题，本书对所有解释变量和控制变量的方差膨胀因子（*VIF*）进行检验，检验结果如表6-4所示。

表6-4 变量方差膨胀因子（*VIF*）检验

变量	*sub*	ln_*asset*	*lev*	*age*	*cap*	*pro*	*roe*	*st*	*shold*	*mean*
fp	1.08	5.21	2.07	1.20	1.86	4.37	3.69	4.34	3.62	3.05

由表6-4可知，分别对解释变量和控制变量的方差膨胀因子（*VIF*）进行检验的最大值为5.21，均值分别为3.05，均小于10，说明所构建的实证模型不存在多重共线性问题。

6.3.2 财政扶持与企业研发投资对企业绩效影响的实证检验结果

为了验证财政扶持对企业研发投资的价值创造的影响，在表6-5中列示出模型的结果。

从表6-5中可以发现，在逐步加入控制变量之后，R^2逐渐变大，拟合程度更好，因而控制变量的加入是合理的。在加入控制变量后，企业研发投资强度对企业绩效的回归系数逐渐降低，甚至使结果不显著，因而在诸多控制变量的影响下，会降低企业研发投资强度对企业绩效的提升作用。通过第4章和第5章的结论可知，财政扶持、企业研发与企业绩效之间均在滞后1~2期有较为显著的影响关系，故本章统一使用了滞后1~2期的数据进行实证结果的检验。

实证结果表明，当期企业研发投资强度（*rd*）对企业绩效的回归系数为0.0429，且不显著，在加入财政扶持率（*sub*）之后，*rd* × *sub*的回归系数为4.305高于*rd*对财务绩效的回归系数，在5%的水平上显著，这也说明财政扶持会显著提升研发投资对企业绩效的影响，验证了假设6.1。财政扶持可以为企业创新活动提供资金支持，可降低企业自有研发成本的不确定性，进而提高企业绩效。

表 6-5　财政扶持下研发投资价值创造的回归结果

变量	(1)	(2)	(3)	(4)	(5)	(6)	(7)	(8)	(9)
rd	0.673* (0.393)	0.856** (0.388)	-0.269 (0.303)	-0.278 (0.302)	-0.434 (0.300)	0.0953 (0.304)	0.0904 (0.304)	0.0904 (0.297)	0.0429 (0.297)
$rd(T-1)$	0.684* (0.364)	0.872** (0.360)	0.781*** (0.280)	0.840*** (0.279)	0.667** (0.278)	0.699** (0.275)	0.707** (0.275)	0.740*** (0.268)	0.721*** (0.268)
$rd(T-2)$	-0.101 (0.311)	0.120 (0.308)	0.662*** (0.240)	0.661*** (0.239)	0.477** (0.239)	0.330 (0.237)	0.320 (0.237)	0.481** (0.231)	0.470** (0.231)
$rd \times sub$	5.843** (2.776)	3.571 (2.755)	4.807** (2.139)	5.016** (2.133)	6.331*** (2.124)	4.761** (2.108)	4.821** (2.109)	4.114** (2.058)	4.305** (2.059)
$rd \times sub$ $(T-1)$	-2.160 (1.899)	-4.092** (1.890)	-3.653** (1.467)	-3.643** (1.462)	-2.783* (1.456)	-2.900** (1.439)	-2.913** (1.439)	-3.268** (1.404)	-3.174** (1.404)
$rd \times sub$ $(T-2)$	-1.325 (1.914)	-2.550 (1.895)	-3.573** (1.472)	-3.733** (1.467)	-3.341** (1.456)	-3.185** (1.440)	-3.124** (1.441)	-3.705*** (1.407)	-3.677*** (1.406)
$\ln\_asset$	—	-3.040*** (0.364)	2.046*** (0.308)	2.132*** (0.307)	0.0142 (0.438)	-0.612 (0.440)	-0.554 (0.444)	-2.185*** (0.455)	-2.235*** (0.455)
lev	—	—	-3.570*** (0.0851)	-3.523*** (0.0855)	-3.552*** (0.0849)	-3.420*** (0.0855)	-3.440*** (0.0884)	-3.164*** (0.0894)	-3.157*** (0.0894)
cap	—	—	—	-0.0489*** (0.0115)	-0.0616*** (0.0115)	-0.0596*** (0.0114)	-0.0595*** (0.0114)	-0.0412*** (0.0112)	-0.0403*** (0.0112)

续表

变量	(1)	(2)	(3)	(4)	(5)	(6)	(7)	(8)	(9)
age	—	—	—	—	0.537*** (0.0797)	0.661*** (0.0803)	0.665*** (0.0804)	1.010*** (0.0838)	1.000*** (0.0838)
net	—	—	—	—	—	0.545*** (0.0678)	0.494*** (0.0878)	0.439*** (0.0858)	0.432*** (0.0858)
roe	—	—	—	—	—	—	0.0976 (0.106)	0.250** (0.105)	0.254** (0.104)
shold	—	—	—	—	—	—	—	1.106*** (0.0946)	1.104*** (0.0945)
st	—	—	—	—	—	—	—	—	0.187** (0.0893)
行业	控制	控制	控制	控制	控制	控制	控制	控制	控制
产权性质	控制	控制	控制	控制	控制	控制	控制	控制	控制
地区	控制	控制	控制	控制	控制	控制	控制	控制	控制
cons	1.750*** (0.0273)	11.07*** (1.118)	-3.261*** (0.933)	-3.400*** (0.930)	1.727 (1.196)	3.181*** (1.195)	2.997** (1.212)	6.282*** (1.215)	6.407*** (1.216)
R^2	0.011	0.036	0.419	0.423	0.433	0.446	0.446	0.473	0.474

注：括号中的数据为标准误差，*，** 和 *** 分别表示 $p<0.1$，$p<0.05$ 和 $p<0.01$，即在10%，5%和1%水平上显著。

从其滞后系数来看，企业研发投资强度滞后一期和滞后二期对企业绩效的影响是正向的，且分别在1%和5%的水平上显著，这表明企业研发投资对企业绩效存在正向影响且这种影响存在一定的滞后性，也证实了假设6.2，即企业通过一定时间的研发投资积累，可以更好地提高企业绩效。但是，滞后二期的回归系数为0.470，小于滞后一期的回归系数，这可能是由于新产品的收益是有限的，研发的持续增加会导致企业成本的持续增加，因而并不会持续带来企业财务绩效的提高。在研发投资到达一定程度之后继续增加研发投资，只会带来企业绩效的减少。但是在加入财政扶持率后，$rd \times sub$ 交互项对企业绩效的影响显著为正，但其滞后一期和滞后二期对企业财务绩效的影响却是显著为负的，且滞后二期的回归系数绝对值大于滞后一期，即财政扶持在当期会提高研发投资对企业绩效的影响水平，但随时间推迟，财政扶持会降低企业研发投资对企业绩效的影响，验证了假设6.2，这也验证了第4章的实证结果：财政扶持对新产品收益的影响会随时间减小。随着时间的推移，财政扶持的逐年消耗减少，以及获得扶持的企业间的"等待博弈"。即企业在获得扶持后不再进行自主研发，而是等待其他企业的技术外溢或者政府给予技术支持，因而财政扶持对企业研发提高财务绩效的影响力是逐渐下降的，如果企业仅依赖于财政扶持则会掩盖企业自身在经营效率方面存在的问题，不利于企业绩效的提高。

6.3.3 财政扶持与企业研发投资对企业绩效影响的异质性检验

6.3.3.1 行业特征检验

为了进一步分析不同行业下财政扶持对发展战略性新兴产业企业研发投资影响企业绩效的中介作用，接下来分别依据节能环保、新一代信息技术、生物、高端装备制造、新能源、新材料、新能源汽车、数字创意、其他服务业共九大类对样本企业进行行业划分，并对模型（6.1）、模型（6.2）进行回归，其结果分别如表6-6的（1）~（9）所示。

表6-6　分行业财政扶持下研发投资对企业绩效影响的回归结果

变量	(1) group1	(2) group2	(3) group3	(4) group4	(5) group5	(6) group6	(7) group7	(8) group8	(9) group9
rd	3.481 (2.168)	-0.486 (0.510)	-0.203 (0.709)	-0.357 (1.564)	0.413 (1.504)	-1.155 (1.034)	-2.070 (1.775)	-0.134 (0.882)	7.882** (3.219)
$rd(T-1)$	1.379 (1.562)	0.703** (0.349)	1.314** (0.546)	0.839 (0.930)	0.551 (1.170)	-0.225 (1.114)	-3.985 (2.630)	-0.363 (0.952)	2.539*** (0.535)
$rd(T-2)$	0.143 (1.633)	0.935** (0.414)	0.267 (0.756)	0.900 (0.882)	0.292 (0.906)	1.637* (0.990)	-0.123 (1.639)	-0.749 (1.979)	2.263* (2.366)
$rd \times sub$	7.406 (6.384)	8.063** (3.995)	1.149 (3.467)	21.470*** (7.412)	18.44 (18.03)	0.332 (2.279)	-7.966 (6.046)	15.780 (12.32)	199.4 (116.4)
$rd \times sub$ $(T-1)$	-8.962 (8.881)	-5.296** (2.475)	-0.894 (5.333)	4.427 (6.006)	7.450 (10.55)	-0.651 (3.011)	-0.640 (0.623)	33.280** (12.52)	-10.55 (7.860)
$rd \times sub$ $(T-2)$	-12.12 (7.934)	-3.850 (2.625)	-17.45** (7.368)	-4.639 (4.200)	-13.12 (8.136)	-0.985 (2.246)	-2.530*** (0.641)	42.610*** (13.60)	-16.72*** (4.483)
ln_asset	-2.273 (1.654)	-2.152** (1.069)	3.840 (3.212)	-4.682*** (1.586)	-2.131 (1.374)	1.055 (2.576)	-5.343* (1.576)	-5.627* (2.780)	-4.477 (4.465)
lev	-3.371*** (0.285)	-2.967*** (0.394)	-4.187*** (0.608)	-2.883*** (0.300)	-2.868*** (0.317)	-3.471*** (0.356)	-2.491*** (0.258)	-2.404*** (0.558)	-1.098** (0.384)

续表

变量	(1) group1	(2) group2	(3) group3	(4) group4	(5) group5	(6) group6	(7) group7	(8) group8	(9) group9
cap	0.0860** (0.0337)	-0.0172 (0.0219)	-0.0898 (0.0759)	-0.158*** (0.0507)	-0.109*** (0.0349)	0.0806 (0.0909)	0.0170 (0.0268)	0.0308 (0.0393)	-0.0685 (0.0982)
age	0.840*** (0.268)	1.327*** (0.248)	0.594 (0.412)	0.693** (0.302)	1.005*** (0.207)	0.372 (0.291)	1.332*** (0.227)	1.612*** (0.468)	0.491 (0.686)
net	0.508 (0.336)	0.277 (0.287)	0.202 (0.377)	1.237** (0.566)	0.816* (0.430)	-0.0813 (0.492)	2.237*** (0.390)	1.056 (0.743)	0.980*** (0.230)
roe	0.820 (0.670)	-0.0207 (0.541)	0.189 (0.923)	0.205 (0.305)	0.691 (0.439)	0.543 (0.591)	-0.0725 (0.123)	0.505 (0.807)	1.016 (0.639)
shold	0.949** (0.407)	1.831*** (0.320)	1.545** (0.763)	-0.0758 (0.367)	0.741*** (0.234)	0.614* (0.340)	0.426 (0.443)	2.091*** (0.558)	-1.932* (0.953)
st	0.228 (0.181)	0.162 (0.162)	-0.0929 (0.367)	0.386 (0.368)	-0.146 (0.345)	1.417** (0.545)	-0.0139 (0.163)	-0.183 (0.446)	2.475 (2.559)
产权性质	控制	控制	控制	控制	控制	控制	控制	控制	控制
地区	控制	控制	控制	控制	控制	控制	控制	控制	控制
cons	6.468 (4.518)	4.866* (2.747)	-10.66 (8.911)	15.59*** (4.083)	6.285* (3.745)	-2.146 (7.253)	15.25*** (4.271)	14.09* (7.380)	14.97 (11.84)
R^2	0.628	0.409	0.563	0.649	0.636	0.599	0.603	0.518	0.804

注：括号中的数据为标准误差。*，** 和 *** 分别表示 $p<0.1$，$p<0.05$ 和 $p<0.01$，即在10%、5%和1%水平上显著。

表 6-6 报告了不同行业财政扶持下研发投资对企业绩效影响的回归结果。总体来看，财政扶持下九大类企业研发投资对企业绩效的影响仍然受销售利润率（*net*）、年龄（*age*）、企业规模（ln_*asset*）、资本密集度（*cap*）等因素影响。在控制地区和产权性质等因素后，财政扶持一般情况下当期都可以提高研发投资对企业绩效的影响，并且随时间推移，财政扶持会降低研发投资对企业绩效的影响，而且财政扶持对企业研发投资影响企业绩效的过程在不同行业间存在一定的差异程度。

从表 6-6 可以看出，在新能源汽车行业，研发投入强度对企业绩效的回归系数为 -2.07。*rd* × *sub* 交互项对企业财务绩效的回归系数为 -7.966，是 9 个行业中唯一一个由于财政扶持的增加，降低了企业研发投资强度对企业财务绩效的影响。虽然由于该行业企业样本量偏小导致二者系数都不显著，但是也反映出在新能源汽车行业，财政扶持的增加，会削弱研发投资对企业绩效的积极影响。这可能是因为在新能源汽车行业，研发投资强度对企业绩效本身就是负向影响，即研发投资见效较慢、研发回收周期长，当财政扶持增加后，企业可能会放弃研发周期较长的项目，转而投向盈利更快的项目。

除了新能源汽车产业财政扶持会降低企业研发投资对企业绩效的影响，其他 8 个行业的财政扶持可以提高企业研发投资对企业绩效的影响，其中影响最大的就是相关服务业和高端装备制造产业。因相关服务业回归系数不显著，以高端装备制造产业为例，高端装备制造产业研发投资强度对企业财务绩效的回归系数为 -0.357，且不显著，在加入财政扶持后，*rd* × *sub* 交互项对企业绩效的回归系数为 21.470，且在 1% 的水平上显著，由此可见，财政扶持的加入显著提升了企业研发投资对企业绩效的影响。高端装备制造产业研发投入前期投入过高，导致研发投入对企业绩效影响为负，但是财政扶持的加入，可以让企业有更多的资金投入到研发中，尽早得到研发成果，提高企业绩效。制造业是强国之基、富国之本，高端装备制造业是以高新技术为引领，处于价值链高端和产业链核心环节，决定着整个产业链综合竞争力的战略性新兴产业，是现代产业体系的脊梁。近年来，我国高端装备制造业发展迅速，其产值占装备制造业的比重超过 10%。但高端装备制造业是典型的发展初期高投入、发展中期高风险、发展后期高产出的行业，因而在培育和发展初期阶段，需要系统性的政策支持。虽然高端装备制造业具有广阔的市场空间，但由于前期的高投入，研发投资会降低当期绩效，因而财政扶持对企业研发投资的实施效果具有显著影响。《"十三五"国家战略性新兴产业发展规划》明确提出促进高端装备制造业的突破发展，围绕"中国制造 2025"战略实施，加快突破关键技术与核心部件，推进重大装备与系统的工程应用和产业化，促进产业链协调发展，塑造中国制造新形象，带动制造业水平全面提升。

对于数字创意产业，财政扶持提高企业研发投资强度对企业绩效的影响还有一定的滞后性。企业研发投资对企业绩效的回归系数为 -0.134，$rd \times sub$ 交互项对企业绩效的回归系数为 15.780，虽然财政扶持此时提高了研发投资强度对企业绩效的影响，但是不显著。$rd \times sub$ 交互项的滞后一期对企业绩效的回归系数为 33.280，并在 5% 的水平上显著，$rd \times sub$ 的滞后二期的回归系数为 42.610，在 1% 的水平上显著。由此可见，财政扶持提高企业研发对企业绩效的影响具有时滞性，且滞后时间越长，促进效果越明显。这也与数字创意产业的行业特征相关。数字创意产业具有较高的人才壁垒、技术壁垒，只有经过较长时间的积累，组成稳定的人才团队，形成顾客认可的品牌和技术才可获得利润。因而数字创意产业在初期需要投入大量的人力、物力，前期投入成本很高，研发投资会降低企业绩效。但是，数字创意产业一旦有了初步的产品之后，拥有成熟的技术和知名度高的品牌，后期便可以在前期的基础上进行创新产出，因而财政扶持的加入可以缓解企业前期资本的紧张，帮助企业尽早取得成型产品，从而推动后期企业研发创新的进行，为企业创造更多的利润。因此，在数字创意产业，财政扶持对企业研发投入提高企业绩效具有很强的滞后性。

6.3.3.2 地区特征检验

接下来，本章分析地区差异对结论的影响。首先分别对样本进行区域划分，按照东部中部和西部地区将企业注册所在地的省份归类，其次对模型（6.1）、模型（6.2）进行回归，其结果如表6-7中的（1）~（3）所示。

表6-7报告了不同地区下财政扶持对企业研发投资价值创造影响的回归结果：总体来看，财政扶持下九大类企业研发投资对企业绩效的影响仍然受销售利润率（net）、年龄（age）、企业规模（$\ln\_asset$）、资本密集度（cap）、前十大股东持股比例（$shold$）等因素影响；在控制行业和产权性质等因素后，无论是东部地区、中部地区还是西部地区，财政扶持对企业研发投资影响企业绩效的过程都会产生较为显著的正向促进作用，且存在显著的滞后现象，但不同地区财政扶持对研发投资影响企业绩效的过程存在一定的差别。

表6-7　　　　分地区财政扶持下研发投资对企业绩效影响的回归结果

变量	(1) east	(2) west	(3) mid
rd	-0.0110 (0.403)	1.273 (1.375)	0.0277 (1.500)
$rd(T-1)$	0.737*** (0.282)	0.931 (1.023)	-0.482 (0.927)
$rd(T-2)$	1.133*** (0.309)	-2.208*** (0.680)	0.146 (0.877)
$rd \times sub$	7.276** (3.451)	1.343 (4.350)	2.365 (3.985)
$rd \times sub(T-1)$	-5.169** (2.239)	0.316 (5.643)	-0.884 (1.028)
$rd \times sub(T-2)$	-4.938** (2.074)	6.752 (5.708)	-1.476 (1.696)
$\ln\_asset$	-1.667** (0.796)	-2.334 (1.851)	-4.996** (1.914)

续表

变量	(1) east	(2) west	(3) mid
lev	-3.081*** (0.177)	-3.030*** (0.428)	-3.178*** (0.484)
cap	-0.0401** (0.0166)	-0.0583 (0.0464)	-0.0632 (0.0658)
age	0.894*** (0.136)	0.691** (0.298)	1.462*** (0.201)
net	0.406** (0.179)	0.331 (0.435)	0.556** (0.275)
roe	0.205 (0.235)	0.889* (0.492)	0.688 (0.618)
shold	1.226*** (0.178)	0.378 (0.550)	0.775** (0.355)
st	0.207* (0.119)	0.627 (0.657)	-0.162 (0.317)
行业	控制	控制	控制
产权性质	控制	控制	控制
cons	4.815** (2.123)	7.839 (4.949)	14.10** (5.560)
R^2	0.461	0.587	0.556

注：括号中的数据为标准误差，*、** 和 *** 分别表示 $p<0.1$、$p<0.05$ 和 $p<0.01$，即在 10%、5% 和 1% 水平上显著。

从表 6-7 可以看到，无论是东部地区、中部地区还是西部地区，财政扶持对企业研发投资影响企业绩效的过程都会产生较为显著的正向促进作用，且存在显著的滞后现象，但这种滞后效应在不同地区是不一样的。东部地区和中部地区，$rd \times sub$ 交互项对企业财务绩效的回归系数为正，且均大于研发投资对企业绩效的回归系数，可见财政扶持可提高研发投资对企业绩效的影响，但是 $rd \times sub$ 滞后一期和滞后二期对企业绩效的回归系数为负数，表明随时间推移，东部和中部地区财政扶持降低企业研发对企业绩效的影响，东部地区的回归更为显著，说明东部地区的这种影响更为明显，西部和中部地区由于样本量较少，影响数据结果的显著性。反观西部地区，加入财政扶持后，$rd \times sub$ 交互项对企业绩效的回归系数比研发投资对企业绩效的回归系数仅高 0.07，变化小于其他两个地区，但是其滞后一期和滞后二期的回归系数大于当期回归系数，可见西部地区财务扶持提高研发投资对企业绩效的影响有滞后效应。出现上述状况的原因与地区的发展水平相关，东部和中部地区经济发展水平远高于西部地区，因而东部和中部地区研发投资成果能更快地转为企业绩效，因而财政扶持的加入可以让企业研发成本降低且研发产出更快，因而财政扶持对当期企业研发提高企业财务绩效的影响更为显著。但是财政扶持对新产品收益的影响逐渐减小。同时东部和中部地区，尤其是东部地区面临更多的发展机会，在获得财政扶持后，企业可能会放弃一些研发周期较长的项目转向其他非生产性的寻租活动，获取更多利益。但是对西部地区而言，西部地区经济环境较差，研发投资到成果转化的周期相对较长，因而当期财政扶持对当期提高研发投资对企业绩效的影响较差。但财政扶持的持续增加，可以促使企业继续加强研发活动，增加投资者对投资的信心，待研发投资转化为研发成果时，可以看到财政扶持对研发投资提高企业绩效的影响是很大的。因而，对西部地区，财政扶持对研发投资提高企业财务绩效的影响有滞后性。以上结果也反映出财政扶持发挥作用受市场化的影响，东部地区市场化程度高，政府影响较弱；在西部地区市场化程度低，政府对经济的影响更为显著。

6.3.3.3　产权性质特征检验

本节考察不同产权性质下财政扶持对发展战略性新兴产业的企业研发投资影响企业绩效的中介影响，接下来分别依据所属产权性质为国有还是非国有对样本企业进行划分：（1）代表中央国有企业；（2）代表地方国有企业；

（3）代表民营企业；（4）代表其他企业。最后对模型（6.1）、模型（6.2）进行回归，其结果如表6-8中（1）~（4）所示。

表6-8报告了财政扶持对企业研发投资价值创造影响的回归结果：总体来看，财政扶持对4类不同产权性质企业研发投资价值创造的影响仍然受企业利润率（net）、年龄（age）、企业规模（ln_asset）、资本密集度（cap）等因素影响；在控制这些影响因素后，财政扶持对企业研发投资价值创造能力确实存在影响。总体来说，对于大部分企业，财政扶持可以提高当期企业研发投资对企业绩效的影响，但不同产权企业的影响过程还存在差别。

表6-8　　　　分产权性质财政扶持下研发投资对企业绩效影响的回归结果

变量	（1） pror1	（2） pror2	（3） pror3	（4） pror4
rd	-2.771** (1.116)	-1.087 (1.495)	-0.132 (0.445)	1.355 (1.011)
$rd(T-1)$	0.659 (1.082)	-1.781 (1.174)	0.783*** (0.281)	0.362 (0.843)
$rd(T-2)$	1.035 (0.946)	0.967 (1.109)	0.586 (0.419)	-1.067 (0.832)
$rd \times sub$	4.108 (6.899)	4.860 (13.32)	7.177* (3.747)	-0.265 (3.694)
$rd \times sub(T-1)$	6.119 (7.011)	-30.16** (11.96)	-5.472*** (2.046)	2.310 (3.117)
$rd \times sub(T-2)$	7.411 (9.597)	-23.51 (19.67)	-5.753*** (1.708)	4.855 (2.984)
ln_asset	-4.377* (2.361)	-2.801 (2.367)	-2.477*** (0.829)	-2.487 (1.963)
lev	-2.615*** (0.380)	-2.909*** (0.392)	-3.216*** (0.203)	-3.428*** (0.410)
cap	0.0129 (0.0558)	0.0316 (0.0587)	-0.0540*** (0.0165)	0.0526 (0.0539)

续表

变量	(1)	(2)	(3)	(4)
	pror1	pror2	pror3	pror4
age	0.719 **	0.689 **	1.192 ***	1.084 ***
	(0.292)	(0.310)	(0.155)	(0.305)
net	1.163 ***	2.359 ***	0.381 *	0.374
	(0.412)	(0.754)	(0.198)	(0.339)
roe	0.172	−0.0377	0.259	0.162
	(0.387)	(0.185)	(0.347)	(0.588)
shold	0.275	0.298	1.229 ***	1.229 ***
	(0.480)	(0.444)	(0.213)	(0.437)
st	0.289	0.527	0.105	−0.0200
	(0.340)	(0.385)	(0.130)	(0.271)
行业	控制	控制	控制	控制
地区	控制	控制	控制	控制
cons	13.92 **	8.892	6.702 ***	6.782
	(6.647)	(6.613)	(2.219)	(5.471)
R^2	0.569	0.582	0.482	0.500

注：括号中的数据为标准误差，$*$、$**$ 和 $***$ 分别表示 $p < 0.1$、$p < 0.05$ 和 $p < 0.01$，即在 10%、5% 和 1% 水平上显著。

对于中央国有、地方国有和民营企业，财政扶持的加入后，$rd \times sub$ 交互项对企业财务绩效的回归系数均大于研发投资对企业财务绩效的回归系数。其中，民营企业的影响较为显著（其他两类产权企业由于受样本量的限制导致结果不显著），因而对这三类企业，财政扶持可提高研发投资对企业绩效的影响。但是对于其他企业，研发投资对企业绩效的回归系数为 1.355，财政扶持加入后，其交乘项的回归系数为 −0.265，因而财政扶持降低了研发投资对企业绩效的影响，但这种影响是不显著的。财政扶持的加入，对于民营企业的影响是最显著的，其显著提高了企业研发投资对企业绩效的影响，同时其滞后效应也十分显著，民营企业滞后一期与滞后二期的交乘项系数显著为负。可见随时间推移，财政扶持会降低研发投资对企业绩效的影响。反观中央国有企业，其交乘项滞后一期与滞后二期的回归系数为正，且滞后二期回归系数大于滞后一期，说明对于中央国有企业，财政扶持具有累计效应，可持续推动企业研发对企业绩效的影响。地方国有企业滞后一期的交乘项系数显著为负，说明在滞后一期的时候，财政扶持会显著降低研发投资对企业绩效的影响。

出现上述状况的原因与企业产权性质有关。在接受财政扶持后，企业可能会放弃研发投资，转向其他盈利更快的项目，降低了企业研发投资对企业绩效的影响。财政扶持对民营企业研发投资提高当期企业绩效的效果最为显著，滞后期有显著的负向影响。民营企业接受财政扶持，可以为企业创新活动提供资金支持，降低研发成本，因而可以提高当期企业研发对企业绩效的影响。但是，民营企业以盈利为根本目标，在接受财政扶持后，放弃研发周期较长的项目，转而投向更快盈利的项目，降低了企业研发投资对企业绩效的影响。反观中央国有企业是国民经济的支柱，盈利并不是其唯一目的，还要担负调节国家经济的职能。由于研发投资具有周期长、不确定性较高等特点，因而很多企业不愿做尝试者，而是等其他企业有创新成果后，竞相模仿。长此以往，不利于我国经济的创新发展。此时中央国有企业必须发挥中介作用，积极进行研发投资，带动经济创新发展，因而中央国有企业在接受财政扶持后，不仅有利于其进行研发，推动研发投入转化为研发成果，而且有利于中央国有企业继续进行一些研发周期较长的项目或利润较小的项目，降低研发成本，使得本来无利可图的项目可以盈利。因而无论是当期还是滞后期财政扶持都会提高企业研发投资对企业绩效的影响。地方国有企业所承担的经济中介任务较小，因而更加注重利益，虽然财政扶持会提高当期研发投资对企业绩效的影响，但受逐利思想的影响，企业可能更倾向于政治寻租活动以获取超额收益。

6.3.4　财政扶持与企业研发投资对企业绩效影响的稳健性检验

为考察以上研究结论的稳健性，本章主要从以下几方面进行稳健性检验：

一是更换企业研发投资强度的代理变量。将公司总资产收益率、每股股利作为公司价值的代理变量重复以上回归分析，回归结果及显著性无显著差异，研究结论依然成立。二是更换控制变量。分别将企业科研人员数量的代理变量更换为企业员工数量、资产规模的代理变量更换为销售净利润、增加股权集中度的代理变量重复以上回归分析，回归结果及显著性无显著差异，研究结论依然成立，如表 6 - 9 所示。三是为进一步减少极端值对回归结果的影响，本书采用 0.25、0.5 和 0.75 分位数回归法重复以上回归分析，回归结果无显著差异，研究结论依然成立，如表 6 - 10 所示。综上可知，研究结论具有稳健性。

表 6 - 9　　　　财政扶持下企业研发投资对企业绩效影响的稳健性检验

变量	(1) 托宾 Q 值	(2) 每股股利	(3) 更换控制变量
rd	-0.0479 (0.421)	3.289 (1.348)	0.1589 (1.521)
$rd\ (T-1)$	1.368 *** (0.214)	4.168 * (1.042)	-0.237 * (0.917)
$rd\ (T-2)$	1.076 *** (0.338)	-1.270 *** (0.616)	2.178 ** (0.854)
$rd \times sub$	3.241 ** (3.427)	0.267 * (4.318)	6.468 * (3.914)
$rd \times sub\ (T-1)$	-6.790 ** (2.228)	1.480 ** (5.631)	-1.468 ** (1.012)
$rd \times sub\ (T-2)$	-1.378 ** (2.015)	3.579 ** (5.757)	-0.378 ** (1.617)
$\ln\_asset$	-2.447 ** (0.715)	-1.321 ** (1.836)	-2.548 ** (1.962)
lev	-1.380 *** (0.133)	-2.122 *** (0.426)	-2.429 *** (0.415)
cap	-0.1352 ** (0.0155)	-0.3557 * (0.0431)	-0.0411 * (0.0615)

续表

变量	（1）	（2）	（3）
	托宾 Q 值	每股股利	更换控制变量
age	0.321 ***	1.437 **	0.357 ***
	(0.158)	(0.215)	(0.227)
net	2.480 **	5.462	3.556 **
	(0.147)	(0.476)	(0.229)
roe	3.268	1.889 *	1.644
	(0.221)	(0.439)	(0.630)
shold	0.378 ***	1.140	0.680 **
	(0.118)	(0.519)	(0.331)
st	1.321 *	6.650	− 0.034
	(0.169)	(0.631)	(0.356)
行业	控制	控制	控制
地区	控制	控制	控制
产权性质	控制	控制	控制
cons	2.390 **	9.413	12.38 **
	(2.118)	(4.951)	(5.528)
R^2	0.432	0.515	0.569

注：括号中的数据为标准误差，＊、＊＊ 和 ＊＊＊ 分别表示 $p < 0.1$、$p < 0.05$ 和 $p < 0.01$，即在 10%、5% 和 1% 水平上显著。

表 6 – 10　　财政扶持下企业研发投资对企业绩效影响的分位数回归

变量	（1）	（2）	（3）
	Lower quartile（0.25）	*Median*（0.5）	*Upper quartile*（0.75）
rd	0.241	0.883 ***	1.255 ***
	(0.202)	(0.278)	(0.299)
sub	0.0313	− 0.132	0.499
	(0.547)	(0.378)	(0.470)
sub²	0.0431	0.0622	− 0.107
	(0.773)	(0.688)	(0.868)

续表

变量	（1）	（2）	（3）
	Lower quartile（0.25）	*Median*（0.5）	*Upper quartile*（0.75）
ln_*asset*	0.0442	− 0.531 ***	− 1.067 ***
	（0.145）	（0.154）	（0.294）
lev	− 3.379 ***	− 3.513 ***	− 3.689 ***
	（0.0679）	（0.0766）	（0.0735）
cap	− 0.0778 ***	− 0.0876 ***	− 0.0897 ***
	（0.00838）	（0.00895）	（0.0104）
age	0.155 ***	0.192 ***	0.271 ***
	（0.0225）	（0.0328）	（0.0414）
net	0.587 ***	0.842 ***	0.980 ***
	（0.107）	（0.119）	（0.189）
roe	0.0433	− 0.122	− 0.253 **
	（0.0862）	（0.0888）	（0.106）
shold	0.552 ***	0.696 ***	0.629 ***
	（0.0756）	（0.0911）	（0.0751）
st	0.217 ***	0.0456	− 0.104
	（0.0448）	（0.0462）	（0.0743）
行业	控制	控制	控制
产权性质	控制	控制	控制
地区	控制	控制	控制
cons	1.919 ***	3.877 ***	5.767 ***
	（0.408）	（0.437）	（0.859）
R^2	0.373	0.374	0.374

注：括号中的数据为标准误差，* 、** 和 *** 分别表示 $p < 0.1$、$p < 0.05$ 和 $p < 0.01$，即在 10%、5% 和 1% 水平上显著。

第7章 外部环境因素下财政扶持与企业研发投资对企业绩效的影响

　　由于大多数战略性新兴产业集中在经济较发达地区，对于早期国家重点扶持的省份，由于历史原因，存在海外投资企业或海外华侨的支持，起步早且发展状况较好。从宏观经济及地理环境的角度看，大多高新技术产业的选址集中在东部沿海地区或是国家重点管理建设的省份，且以产业园区形式存在，交通便利，沟通顺畅，呈点状、带状分布。优越的地理条件及有利的国家、地方政策有利于企业融资发展，从而提高企业研发投资水平，增加企业研发绩效。因此经济发展水平、产业结构、要素禀赋等区位特征对于本书研究的主体，即发展战略性新兴产业的企业而言区分度不大，而企业在持续生产经营的成长过程中，对于缓解融资约束至关重要的地区金融发展水平，以及发展战略性新兴产业的企业研发创新、知识产权保护力度为代表的外部环境因素则更为重要。这也是本书仅选取金融发展水平和知识产权保护力度作为外部环境因素的主要原因。

　　本章使用我国战略性新兴产业数据作为研究对象，在把握我国融资约束与研发投资特征的基础上，关注企业长期融资约束以及知识产权保护缺失等现实问题，对数理模型的结论进行验证，建立以金融发展程度、知识产权保护力度为代表的外部因素对财政扶持下的企业研发投资价值创造影响的理论框架，揭示外部因素作用对财政扶持的企业研发投资价值创造产生影响的内在机理。

7.1 外部环境下财政扶持与企业研发投资 对企业绩效影响的理论分析

战略性新兴产业的核心特征在于科技创新，因而需要企业大量的研发投资。但研发成功具有排他性和独占性，并且与固定资产投资相比，知识产权等无形资产更容易被核心研发人员带走从而被竞争对手获得，如某地区知识产权保护普遍缺位，没有相关制度和法律层面的相关约束，那么知识产品一旦被创造，它被其他的经济主体剽窃的概率便会增大，损害了研发主体继续研发的积极性。

知识产权保护力度与企业研发投资成效密切相关，完善的知识产权保护政策是企业研发投资的制度基础。一方面，知识产权制度的立法对这些侵权行为加以制约，当有人窃取其他人的研发信息或者研发成果，将要得到法律惩治时，大多数企业面对高额的侵权成本，就不会触犯法律。研究开发企业不用担心风险，大量投入资金的研究开发被抄袭，这样企业的成本不可收回性更大（Fornahl et al., 2010）。文豪（2009）认为环境可以降低研发信息的外部性，同时促进企业对研究开发投资的积极性。另一方面，知识产权方面的法律保护降低了研发信息的不对称性，使得企业会有财政扶持资金用于研发投资。张杰和芦哲（2012）指出，从事研究开发需要大量资金投入研发活动，但是未来的收益是不确定的。所以，当法律环境良好时研发企业更不容易被窃取信息，这就降低了融资难度，企业更容易获得融资。

财政扶持的企业研发投资效应受知识产权保护力度的影响。根据第 4 章的结论，在控制企业规模、资产负债率、净资产收益率、企业年龄、企业利润率、科研人员数量和资本密集度等变量的影响后，财政扶持对企业研发投资的作用存在显著的非线性关系，是激励效应还是抑制效应取决于企业新产品与原产品的收益差（Galindo，2007）。当新产品收益小于原有产品收益时，财政扶持资金足够大才能对企业研发投资产生激励作用，而当企业研发新产品将带来较大的收益，财政扶持不能有效地刺激这类企业的研究开发行为，甚至一旦财政扶持超出某种限额，财政扶持则将抑制企业的研发投资，产生挤出效应（Grimpe，2010）。值得注意的是，相较于传统产业，战略性新兴产业受到更多的政策偏向。政府提供扶持的目的是激励企业创新研发，希望企业能利用好扶持资金，配合宏观经济政策与目标，促进产业结构的优化调整（宗庆庆和黄娅娜，2015）。因此，如果一个地区加强相应的制度和法律去保护战略性新兴企业的知识产权，那么将有可能激发被扶持企业研发的积极性，大量的财政扶持能够顺利落地促进企业研发活动，从而产生财政扶持对企业研发投资的中介作用。基于以上的作用机理，有理由认为财政扶持对企业研发投资的作用受知识产权保护程度的影响，即良好的知识产权保护环境对财政扶持的企业研发投资效应存在调节作用。

从这个角度进一步分析，一方面，中国对于知识产权的保护有待进一步完善，财政扶持作为对企业研发投资的一种支持，会促进企业进行研发投资，如果某些地方大力保护知识产权，财政扶持的补充作用会更加优异（李伟等，2016）。另一方面，在知识产权保护制度普遍缺位的环境下，企业创新成果被模仿和剽窃的概率较大（Haruna，2015）。在中国知识产权的保护制度不完善的环境下，创新成果被模仿和剽窃就会抑制研发方面的投资，而且会导致财政扶持无法有效地刺激这类企业的研究开发行为产生挤出效应。然而，随着知识产权保护制度的逐步完善，研发企业面临的信息被窃取风险变小，能够通过节约防止信息窃取的成本，改善研发产品的收益，从而减缓财政扶持对企业研发投资价值创造的挤出效应（Hsiao Fen，2017）。可见，知识产权保护力度能够促进财政扶持对于企业研发投资价值创造的激励效应，并在一定程度上减缓财政扶持对企业研发投资价值创造的挤出效应。为此，本书提出假设 7.1：

假设 7.1　知识产权保护力度对财政扶持的企业研发投资效应存在调节作用，良好的知识产权保护环境能够促进财政扶持对于企业研发投资的激励效应，并在一定程度上减缓财政扶持对企业研发投资的挤出效应

金融发展程度与技术创新之间的关系受政策方面的影响，长期以来，许多国内外学者对此产生了浓厚的兴趣。关于金融发展与技术创新关系的研究，著名创新经济学家熊彼特曾提出，银行系统可以通过动员储蓄、评估投资项目、公司监管等途径，识别最可能成功实施研制新工艺、新产品的企业或企业家，并为其提供大量的有偿资金，进而加速企业技术创新（Fazzari，1998）。因此，企业的技术创新及研发活动离不开金融系统的支持（Zheng，2013；Hong and Ke，2012）。刘行和叶康涛（2014）研究表明，金融发展程度对所在地区企业的研发产出水平、研发投资量等具有重要影响作用。李苗苗和肖洪钧（2015）等指出，金融发展水平之所以能够对企业的研发投资产生重大影响，特别是一些受到融资约束、融资渠道较窄的中小企业，是因为地区金融发展水平越高，这些企业获得外部融资的可能性越大。除企业内部融资获得研发资金以外，大部分的资金来源都需要企业通过外部渠道获得，虽然现在中小企业虽发展前景良好，却在外部融资方面遭受许多阻碍（Chen，2017）。此外，完善的金融系统为企业带来的不仅是融资条件的改善，还能将企业技术创新等研发投资的利好消息披露，降低投资者的信息采集成本，增强投资者信息等为企业市场价值提升产生影响。

发展战略性新兴产业的企业尽管已经得到财政扶持等政策，但仍存在一些中小型企业在长期的研发过程中面临融资困难问题，由此推断企业对所在地区的金融发展水平依赖性很高（孙伍琴和王培，2013）。如何拓宽企业的融资渠道，需要政府部门的扶持，也需要政府不断提高地区经济实力。沈红波和寇宏（2010）等指出，地区金融发展水平越高，企业的融资渠道越宽，从而增加企业的研发投资资金越多，相对的，企业增加研发投资资金可以提高自主创新能力，促进企业加速转型，扩大品牌影响力，提升企业竞争力，推动地区金融发展水平不断提高。本书研究的发展战略性新兴产业的企业均来自研发投资水平较高的行业，地区金融行业发展对于企业研发投资具有同样显著的影响，研究开发的成果需很好的金融环境来实现市场化。

事实上，企业技术研发的提升以及研发成果的市场转化均需要良好的金融环境。一方面，具有良好绩效的企业往往需要有一定的资产负债能力，而发达的金融系统可以为其提供完善的金融服务、满足企业的贷款需求，从而能够保障企业具有充足的资本用于研发活动。解维敏和方红星（2011）通过中国上市公司的实证研究表明地区金融发展积极推动上市公司研发投资，同时对小规模企业和私有产权控制的企业影响更为明显。另一方面，发达的金融系统可以通过投资项目、公司监管等途径，识别最具可能成功实施活动的企业或企业家并为其提供大量的有偿资金，进而加快企业技术研发成果的转化速度（易信和刘凤良，2015）。鉴于以上分析，本书提出假设 7.2：

假设 7.2　地区金融发展水平对财政扶持下的企业研发投资价值创造过程产生影响，良好的金融发展能够促进财政扶持对于企业研发投资价值创造的激励效应，并一定程度减缓财政扶持对企业研发投资价值创造的挤出效应

7.2　外部环境下财政扶持与企业研发投资对企业绩效影响的研究设计

7.2.1　研究样本与变量定义

本书选取 2009～2017 年连续 9 年 A 股上市的、与战略性新兴产业相关的企业财务数据作为初始样本[①]，包括新一代信息技术、新能源、新材料、生物、高端设备制造、节能环保、新能源汽车、数字创意、其他服务业共 9 个行业。由于 2007 年会计准则和审计准则出台新的规定，为了保证数据统计口径的统一，选取新会计准则实施两年后的 2009 年数据作为样本初始时期。根据研究需要对样本进行预处理：一是剔除样本数据中非正常营业的数据，将数据库中的样本分为撤销、筹建、营业、停业等；二是剔除研发投入、财政扶持等重要指标数据为空的样本；三是剔除财务报表信息披露不完整的数据

---

① 数据来自 Wind 资讯金融终端和国泰安数据库。

样本；四是销售费用与研究开发费用、总资产与研究开发费用、销售收入与利润总额的比率，小于 1 的需要剔除，因为不合常理；五是为了消除异常值的影响，对连续变量进行 1% 和 99% 分位数的缩尾处理。

经过以上筛选，剔除了 734 个数据缺失的样本数据，选择 9 年 739 个战略性新兴上市企业的 6648 个样本作为研究对象，所剔除的数据不影响样本的代表性。变量的定义及说明如表 7 - 1 所示。

表 7 - 1　　　　　　　　　　变量定义及说明

变量类型	变量名称	变量代码	变量含义及说明
被解释变量	企业绩效	fp	企业的财务绩效指数，采用 *Edward Altman* 的 *Z-score* 得分值代表企业当下的财务绩效
解释变量	企业研发投资强度	rd	企业研发投资/企业营业收入 ×100%
	财政扶持率	sub	财政扶持/企业营业收入 ×100%
	财政扶持率的平方	sub^2	（财政扶持/企业营业收入 ×100%）^{2}
门槛变量	知识产权保护力度	ipr	知识产权保护程度的测度指标体系
	金融发展程度	fin	樊纲算编著的《中国市场化指数》
控制变量	公司规模	$\ln\_asset$	公司资产总额取对数
	资产负债率	lev	负债总计/总资产 ×100%
	资本密集度	cap	固定资产净额/企业员工数 ×100%
	企业年龄	age	企业上市的年限
	销售净利率	net	净利润/销售额 ×100%
	净资产收益率	roe	税后利润/所有者权益 ×100%
	前十大股东持股比例	$shold$	企业内前十大股东持股比例总和
	科研人员数量	st	参与科技研发的人员数量
	行业	$group$	$group1 \sim group9$ 分别代表 9 类不同行业，考虑共线性问题，主模型中只加入 $group1 \sim group8$ 共 8 个虚拟变量，分组讨论时会全部考虑
	产权性质	$pror$	$pror1 \sim pror4$ 分别代表中央国有企业、地方国有企业、民营企业和其他企业，考虑共线性问题，主模型中只加入 $pror1 \sim pror3$ 共 3 个虚拟变量
	地区	$prov$	*east* 为东部地区、*mid* 为中部地区、*west* 为西部地区

7.2.2 回归模型构建

为了检验财政扶持对企业研发投资影响企业绩效过程的作用是否会随着外部环境因素的改变而产生变化，即知识产权保护力度的增加和金融发展程度的提升是否会对财政扶持下的企业研发投资对企业绩效产生影响。首先，加入外部环境因素变量，将其纳入财政扶持下的企业研发投资价值对企业绩效的影响中进行比较分析。知识产权保护力度（ipr）：本书借鉴了张杰（2012）在研究知识产权保护和企业利润时的方法，采用樊纲、王小鲁和朱恒鹏的《中国市场化指数》中对中国各省份的测度指标体系，选取了 2009～2017 年知识产权保护程度的明细分类数据。金融发展程度（fin）：金融化市场程度数据来自樊纲和王小鲁编著的《中国市场化指数——各地区市场化相对进程 2015 年报告》中要素市场发育维度下的二级指标——各省份金融化程度作为金融发展指标。

设：ipr_{it} 表示第 i 个企业在第 t 年的知识产权保护指数；fin_{it} 为 i 公司第 t 年所在地区的金融发展水平。

$$fp_{it} = \beta_0 + \beta_1 rd_{it} + \beta_2 rd_{it} sub_{it} + \beta_3 rd_{it} ipr_{it} + \sum_{j=1}^{n} \gamma_j control + \mu_{it} \qquad (7.1)$$

$$fp_{it} = \beta_0 + \beta_1 rd_{it} + \beta_2 rd_{it} sub_{it} + \beta_3 rd_{it} fin_{it} + \sum_{j=1}^{n} \gamma_j control + \mu_{it} \qquad (7.2)$$

其次，采用门槛回归模型来研究财政扶持下企业研发投资价值创造的作用是否会随着外部环境因素的改变而产生结构性突变，即是否存在门槛效应。本书采用了 Hansen 的门槛回归面板模型。门槛回归模型通过将数据自动分成几个不同的区间，并根据不同区间的数据拟合直线，得到转折点即门槛值。门槛效应指当一个经济参数达到特定的数值时，会引起另一个经济变量的发展转变。

设：ξ 为待测度的门槛值，X_{it} 为金融发展程度或者知识产权保护力度的变量值，其他符号与上文一致。门槛回归模型的公式下：

$$fp_{it} = \beta_0 + \beta_1 rd_{it}(X_{it} \leqslant \xi) + \beta_2 rd_{it}(X_{it} > \xi) + \beta_3 rd_{it}sub_{it}(X_{it} \leqslant \xi)$$

$$+ \beta_4 rd_{it}sub_{it}(X_{it} > \xi) + \sum_{j=1}^{n} \gamma_j control + \mu_{it} \qquad (7.3)$$

式 (7.3) 又可以等价为分段函数:

$$fp_{it} = \begin{cases} \beta_0 + \beta_1 rd_{it} + \beta_3 rd_{it}sub_{it} + \sum_{j=1}^{n} \gamma_j control + \mu_{it}, X_{it} \leqslant \xi \\ \beta_0 + \beta_2 rd_{it} + \beta_4 rd_{it}sub_{it} + \sum_{j=1}^{n} \gamma_j control + \mu_{it}, X_{it} > \xi \end{cases} \qquad (7.4)$$

分段函数能在表达方面更加清晰,当需要考察的门槛变量 X 小于门槛值 ξ 时,rd_{it} 与 sub_{it} 交叉项系数为 β_3。否则,则为 β_4。

由式 (7.4),本书预测出回归结果的经济意义在于,当外部环境变量 (ipr, fin) ≤门槛值 ξ 时,若 $rd \times sub$ 交互项前系数显著则企业受到财政扶持每增加一个单位,则企业的研发投资价值创造变化 $\beta_1 + \beta_3$ 个单位;当外部环境变量 (ipr, fin) ≥门槛值 ξ 时,若 $rd \times sub$ 交互项前系数显著,则此时企业受到财政扶持每增加一个单位导致企业研发投资强度较原来发生显著改变,企业受到财政扶持每增加一个单位,企业的研发投资价值创造则由原来的 $\beta_1 + \beta_3$ 变化为 $\beta_2 + \beta_4$ 个单位,从而得出外部环境指标的改变,会影响财政扶持对企业研发投资价值创造的效果,再次验证财政扶持对企业研发投资价值创造的影响存在非线性特征。若存在双门槛效应,则原模型可改写为:

$$fp_{it} = \beta_0 + \beta_1 rd_{it}(X_{it} < \xi_1) + \beta_2 rd_{it}(\xi_1 < X_{it} < \xi_2) + \beta_3 rd_{it}(X_{it} > \xi_2)$$

$$+ \beta_4 rd_{it}sub_{it}(X_{it} < \xi_1) + \beta_5 rd_{it}sub_{it}(\xi_1 < X_{it} < \xi_2)$$

$$+ \beta_6 rd_{it}sub_{it}(X_{it} > \xi_2) + \sum_{j=1}^{n} \gamma_j control + \mu_{it} \qquad (7.5)$$

式 (7.5) 又可以等价为分段函数:

$$fp_{it} = \begin{cases} \beta_0 + \beta_1 rd_{it} + \beta_4 rd_{it} sub_{it} + \sum_{j=1}^{n} \gamma_j control + \mu_{it}, X_{it} \leqslant \xi \\ \beta_0 + \beta_2 rd_{it} + \beta_5 rd_{it} sub_{it} + \sum_{j=1}^{n} \gamma_j control + \mu_{it}, \xi_1 < X_{it} \leqslant \xi_2 \quad (7.6) \\ \beta_0 + \beta_3 rd_{it} + \beta_6 rd_{it} sub_{it} + \sum_{j=1}^{n} \gamma_j control + \mu_{it}, X_{it} > \xi_2 \end{cases}$$

7.3 考虑外部环境因素下财政扶持对企业研发投资及其价值创造影响的实证分析

7.3.1 变量描述性统计

ipr 代表知识产权力度，是关于人类在社会实践中创造的智力劳动成果的专有权利，因而知识产权水平与研发水平及研发成果转化密切相关。从表 7 - 2 中可以发现，2010 ~ 2017 年，企业的知识产权水平的均值、最大值、最小值、众数和中位数逐年上升，8 年间知识产权均值上升了近 1 倍，表明我国知识产权水平近年来在提高。同时 2010 ~ 2017 年，企业间的方差逐年增大，且上升幅度加大，表明企业整体知识产权水平提高的同时，企业间的差距也在逐年增大。结合最大值和最小值来看，2010 年，企业间方差仅有 283. 35，最大值和最小值的差异为 52. 69，但到了 2017 年，企业间的方差达 837. 50，最大值和最小值的差异达 88. 32，因而企业间知识水平呈现出巨大的差异。同时，从中位数和众数来看，2009 ~ 2017 年，中位数和众数基本上是一致的，表明企业的知识产权水平分布呈对称分布。因而，8 年间我国企业知识产权水平呈对称分布，整体水平逐年上升，但企业间的差距也逐年加大。

表 7 - 2 描述性统计分析

变量	年份	Max	Min	Mean	Std	Large	Median
ipr	2009	53.51	1.09	30.75	327.08	32.68	32.68
	2010	53.66	0.97	27.35	283.35	32.93	32.11
	2011	58.85	1.09	29.85	344.84	35.45	35.45
	2012	64.03	1.22	32.24	414.62	37.97	37.97
	2013	69.22	1.33	35.17	482.98	40.49	40.49
	2014	74.41	1.41	37.69	565.54	43.01	43.01
	2015	79.59	1.49	40.07	652.66	45.53	45.53
	2016	84.78	1.57	42.62	741.43	48.05	48.05
	2017	89.97	1.65	45.03	836.50	50.57	50.57
fin	2009	12.66	7.65	11.08	0.91	11.40	11.25
	2010	13.95	7.97	11.63	1.81	12.43	11.33
	2011	14.56	8.67	12.25	1.69	13.00	12.03
	2012	15.18	9.15	12.86	1.67	13.57	12.73
	2013	15.79	9.27	13.47	1.65	14.15	13.56
	2014	16.41	9.39	14.08	1.70	14.72	14.41
	2015	17.22	9.51	14.71	1.75	15.29	15.26
	2016	18.07	9.63	15.33	1.83	15.87	15.77
	2017	18.92	9.76	15.96	1.95	16.44	16.26

由表 7 - 2 可知,金融发展程度 *fin* 逐年增大,但从方差来看,金融发展程度的方差逐年增大,表明战略性新兴产业在研发经费投入方面保持逐年增长态势,研发投资强度逐年提高,但九大战略性新兴企业的研发强度仍具有不稳定性。九大类战略性新兴产业对研发投资活动的力度均有不同程度提高,但各个产业的研发投资强度仍有很大的提高空间。从最大值与最小值来看,战略性新兴企业研发投资对企业绩效的影响逐年增大,说明九大战略性新兴企业发展不均衡,且发展差距存在逐年增大的趋势。从众数来看,金融发展程度的值逐年增大,表明战略性新兴企业的明显集中趋势点逐年上升,并且有效地排除了极端数据的影响,代表九大战略性新兴企业的研发投资力度逐

年增长。从中位数来看，因为中位数是所观察数值的中间位置，能更好地反映战略性新兴企业研发投资对企业绩效影响的平均水平，代表九大战略性新兴产业整体的投资收益逐年提升。

7.3.2 皮尔森相关性分析

为初步检验外部环境因素对财政扶持下的企业研发投资价值创造的影响，对主要变量进行了皮尔森相关性检验，检验结果显示了主要变量的相关系数。从表 7-3 中可以发现，知识产权保护力度 ipr 和金融发展程度 fin 与企业研发投资强度 rd 之间的皮尔森相关系数显著正相关，且均在 1% 的水平上显著，这表明知识产权保护力度 ipr 和金融发展程度 fin 越高，企业用于研发的投资强度越大；金融发展程度 fin 与企业绩效的皮尔森相关系数并不显著，这表明金融发展水平对当期的企业研发投资所带来的企业绩效的影响并不显著，可见假设 7.1 和假设 7.2 需要进一步检验。知识产权保护力度 ipr 和金融发展程度 fin 与企业绩效 fp 之间的皮尔森相关系数显著正相关，且均在 1% 的水平上显著，这表明外部环境越好，当期企业绩效越好。另外，所选控制变量均与企业绩效具有显著的相关性，所选控制变量较合理，在实证研究中对其进行控制，进一步提升了研究的科学性。自变量与其他控制变量、控制变量与其他控制变量之间的皮尔森相关系数都在 0.6 以下，这表明自变量与其他控制变量、控制变量与其他控制变量之间不存在严重的多重共线性问题，本书并未将全部皮尔森相关系数矩阵报告。

7.3.3 考虑外部环境因素的一般回归结果

为了检验知识产权保护力度的提升和金融发展程度的提高能否通过改善外部环境因素影响财政扶持对企业研发投资的价值创造，在计量方程中引入了外部环境因素，分别采用混合多元回归、面板固定效应和面板随机效应方法进行实证检验。在进行模型估计前，对模型（7.5）和模型（7.6）的设定均进行了 Hausman 检验，根据统计量的伴随概率最终选择随机效应模型进行

表 7 - 3

主要变量间相关性系数

	fp	ipr	fin	rd	sub	ln_asset	lev	cap	age	net	roe	shold	st
fp	1.000	—	—	—	—	—	—	—	—	—	—	—	—
ipr	-0.059***	1.000	—	—	—	—	—	—	—	—	—	—	—
fin	-0.014*	0.500***	1.000	—	—	—	—	—	—	—	—	—	—
rd	0.325***	0.124***	0.177***	1.000	—	—	—	—	—	—	—	—	—
sub	0.072***	-0.225***	-0.057***	0.119***	1.000	—	—	—	—	—	—	—	—
ln_asset	-0.325***	0.144***	-0.060***	-0.158***	-0.111***	1.000	—	—	—	—	—	—	—
lev	-0.837***	-0.053***	-0.111***	-0.325***	-0.070***	0.429***	1.000	—	—	—	—	—	—
cap	-0.263***	-0.139***	0.100***	-0.191***	-0.008	0.129***	0.181***	1.000	—	—	—	—	—
age	-0.0230	0.229***	-0.065***	-0.043***	-0.055***	0.415***	0.108***	0.027*	1.000	—	—	—	—
net	0.370***	-0.076***	0.095***	0.097***	0.060***	-0.205***	-0.351***	-0.108***	-0.195***	1.000	—	—	—
roe	0.0210	0.089***	-0.071***	-0.044***	0.023	-0.324***	-0.0120	-0.070***	-0.316***	0.598***	1.000	—	—
shold	0.267***	0.078**	-0.121***	-0.0010	-0.007	0.227***	-0.205***	-0.094***	0.029*	0.074***	-0.169***	1.000	—
st	0.256***	0.009**	-0.130***	0.403***	0.011	0.076***	-0.235***	-0.234***	0.210***	0.057***	-0.140***	0.056***	1.000

注：表中为皮尔森相关系数。***代表在1%水平（双侧）显著；**代表在5%水平（双侧）显著；*代表在10%水平（双侧）显著。

报告。由于数据是"大 N 小 T"型面板数据，为了消除异方差，选用 robust 标准差进行估计。表 7 – 4 中，列出了模型（7.5）和模型（7.6）以企业绩效为因变量的回归结果，又分别增加知识产权保护力度（*ipr*）和金融发展水平程度（*fin*）作为外部环境因素，控制行业、地区和产权性质等因素进行控制，利用面板随机效应模型对模型（7.5）和模型（7.6）进行实证分析，控制变量仍然选择企业规模（ln_*asset*）、资产负债率（*lev*）、净资产收益率（*roe*）、年龄（*age*）、企业利润率（*pro*）、科研人员数量（*st*）、前十大股东持股比例（*shold*）和资本密集度（*cap*），结果如表 7 – 4 所示。

表 7 – 4　　　　　　　　　　纳入外部环境因素后模型回归结果

变量	（1）	（2）
	ipr	*fin*
rd	0. 110 （0. 133）	− 0. 0905 *** （0. 0294）
rd（*T* − 1）	0. 299 ** （0. 128）	0. 0684 ** （0. 0275）
rd × *sub*	− 0. 0116 （0. 00786）	0. 00393 *** （0. 00139）
rd（*T* − 1）× *sub*（*T* − 1）	− 0. 0139 * （0. 00737）	− 0. 00000818 （0. 00134）
rd × *ipr*	− 0. 0432 * （0. 0517）	—
rd（*T* − 1）× *ipr*（*T* − 1）	− 0. 115 ** （0. 0507）	—
rd × *fin*	—	− 0. 000795 * （0. 000421）
rd（*T* − 1）× *fin*（*T* − 1）	—	− 0. 0000272 （0. 000409）
ln_*asset*	0. 355 *** （0. 0714）	0. 340 *** （0. 0711）

续表

变量	（1） *ipr*	（2） *fin*
lev	0. 0507 *** （0. 0186）	0. 0467 ** （0. 0185）
cap	− 0. 123 *** （0. 0178）	− 0. 120 *** （0. 0177）
age	0. 324 *** （0. 0170）	0. 333 *** （0. 0170）
net	− 0. 247 *** （0. 0387）	− 0. 242 *** （0. 0361）
roe	− 0. 467 *** （0. 0186）	− 0. 471 *** （0. 0186）
shold	− 0. 132 *** （0. 0187）	− 0. 129 *** （0. 0186）
st	− 0. 0200 * （0. 0118）	− 0. 0191 （0. 0117）
行业	控制	控制
产权性质	控制	控制
地区	控制	控制
cons	3. 108 *** （0. 499）	3. 096 *** （0. 492）
R^2	0. 2834	0. 2797

注：括号中的数据为标准误差，＊、＊＊和＊＊＊分别表示 $p < 0.1$、$p < 0.05$ 和 $p < 0.01$，即在 10%、5% 和 1% 水平上显著。

在此次模型回归结果中，这部分主要加入外部环境因素，即知识产权保护力度（*ipr*）和金融发展程度（*fin*）解释变量之后，对结果产生哪些影响。外部环境因素可以检验财政扶持与企业研发投资对企业绩效的影响是否会通过外部环境因素的改变而产生变化，即知识产权保护力度的增加和金融发展程度的提升是否会对财政扶持下的企业研发投资结果产生影响。

从以上回归结果可知：一方面，在加入外部控制变量后，企业研发投资价值创造、滞后一期的企业研发投资价值创造、财政扶持对企业绩效以及滞后一期的财政扶持对企业研发投资价值创造的系数符号均未发生改变，且均通过显著性检验，可以看出，财政扶持对企业研发投资影响企业绩效的过程仍然存在激励（挤出）效应，且该效应存在一定的滞后性，这再一次验证了前文理论模型设计的合理性；另一方面，在加入外部控制变量后，外部环境因素与企业绩效、滞后一期的企业绩效、财政扶持对企业研发投资价值创造以及滞后一期的财政扶持对企业研发投资价值创造的交叉系数都发生了变化，且通过至少10%的显著性检验，说明无论是知识产权保护力度（ipr）还是地区金融发展程度（fin），外部环境确实对企业研发投资价值创造产生影响，这分别验证了假设7.1和假设7.2。从模型推导系数结果可看出，财政扶持对企业研发价值创造的综合效应，应该取决于当期系数 β_2、滞后一期系数 β_4 与交叉项系数 β_6 和 β_8，可见，只要知识产权力度足够大，或者地区金融发展程度足够高，财政扶持对研发投资的综合效应就会为正。

外部环境因素确实对财政扶持下的企业研发投资影响企业绩效的过程产生作用，在一定程度上验证了前文分析的理论假设。本书也可以进一步认为，造成财政扶持与企业研发投资对企业绩效的非线性影响跟企业所处外部环境差异有关。这部分也阐述了外部环境因素调节效应的作用机理，并通过实证分析验证了外部环境因素调节效应的存在，然而外部因素是否是导致财政扶持对研发投资价值创造非线性关系的关键因素，仍需控制外部影响因素进一步分析。因此，这也使得接下来运用门槛效应的方法将这类外部环境因素作为门槛变量来研究财政扶持对研发投资价值创造的作用显得尤为重要。

7.3.4 考虑外部环境因素的门槛效应检验

上述模型可以考察纳入外部环境后财政扶持对研发投资价值创造所产生的影响，也可以验证外部环境因素确实对该价值创造产生了调节作用，但是无法验证和说明改善外部环境因素能够促进财政扶持在企业研发投资创造过程中顺利落地。正如前文所提到的，随着知识产权保护力度的不同以及金融发展程度的不同，财政扶持对企业研发投资价值创造的作用效果将是非线性的，可能会存在类似于分段函数类型的区间效应。解决此类具有分段区间效应的问题，一般会根据某个变量划分为若干个区间段以此来对样本进行分组，从而进行分组回归，但这种区间段的划分一般带有较大的人为性和随意性，不能够准确地反映真实的结构突变区间。接下来，本书在以上随机效应模型分析的基础上，将进一步采用门槛回归模型来研究财政扶持对企业研发投资的作用是否会随着外部环境因素的改变而产生结构突变，即是否存在门槛效应。

在使用门槛面板模型前，首先需要对门槛效应的存在性进行检验，以便识别使用的模型是否合理，进而确定门槛个数和门槛值，再得出模型的具体形式。Hansen 利用"自举法"（Bootstrap）搜寻使线性模型、单门限模型、双门限模型和三门限模型的残差平方和最小的值，依次进行门限个数的显著性检验。因而本章利用 Bootstrap 自抽样法计算 F 统计量的临界值，分别检验存在单一门槛、双重门槛和三重门槛时的显著性，自举次数为 300，表 7 - 5 给出历次检验的 P 值、F 值以及各显著性水平下的临界值。

表 7 - 5　　　　　　　　　门槛效果检验

门槛个数	知识产权保护（*ipr*)				金融发展程度（*fin*)			
	F 统计量	10% 临界值	5% 临界值	1% 临界值	F 统计量	10% 临界值	5% 临界值	1% 临界值
单一门槛	30. 0600 *	25. 3058	45. 0430	79. 2323	18. 06 *	15. 3058	25. 0430	39. 2351
双重门槛	90. 3241 ***	25. 9992	35. 5082	61. 8642	20. 08 **	15. 9992	19. 5075	33. 1252
三重门槛	39. 9874	50. 3438	71. 8498	106. 7013	19. 03	26. 9132	37. 1382	45. 8342

注：括号中的数据为标准误，*、** 和 *** 分别表示 p < 0. 1、p < 0. 05 和 p < 0. 01，即在 10%、5% 和 1% 水平上显著。

表 7 - 5 分别列出了使用知识产权保护力度以及金融发展程度作为门槛变量时，单一门槛、双重门槛以及三重门槛效应存在性的检验。结果发现：单一门槛与双重门槛效果均显著，而三重门槛效应明显不显著。因此，本书的分析应该采用双重门槛模型。

从表 7 - 5 可以看出，双重门槛效果显著。基于此，利用 STATA13 软件（使用南开大学王群勇教授编写的程序命令）对模型的门槛值进行估计，以门槛变量的 5% 分位数作为搜索起点，使残差平方和最小时，门槛变量的取值即为门槛估计值，得到门槛的估计量后，还需要检验门槛估计值是否等于其真实值。

7.3.5 不同知识产权保护力度下的实证结果分析

由表 7 - 6 可知，双重门槛变量的门槛估计值，从置信区间来看，各个门槛估计值均在 95% 的置信区间，比较真实可靠。可以看出，当外部环境因素落在双重门槛值时对应的 LR 值函数发生了结构性突变。由此可看出，知识产权保护力度以及金融发展程度这两个外部因素确实对财政扶持下研发投资价值创造的效果产生了非线性的影响。

表 7 - 6　　　　　　　门槛估计值与95%水平置信区间

门槛变量	企业绩效（fp）	
	估计值	95% 的置信区间
门槛 1	9.5278	[9.4400，9.5278]
门槛 2	13.3027	[13.2845，13.4825]

基于表 7 - 6 的门槛估计值，进而对模型中的变量系数进行估计，可以得到表 7 - 7 所示的结果。以知识产权保护力度（ipr）的对数为门槛变量的门槛值与 95% 水平置信区间的估计结果如表 7 - 7 所示。

表 7 - 7　　　　知识产权保护力度门槛面板模型的系数估计结果

变量	企业绩效	
	系数（Coef.）	T 值（T_{white}）
$rd(lnipr_{it} < \delta_2)$	0.0787	2.2007 **
$rd(\delta_2 < lnipr_{it} < \delta_1)$	-0.0032	-1.9228 *
$rd(lnipr_{it} > \delta_1)$	0.0360	3.0981 ***

续表

变量	企业绩效	
	系数（Coef.）	T 值（T_{white}）
$rd \times sub(\mathrm{ln}ipr_{it} < \delta_2)$	− 0.0006	− 2.5564 **
$rd \times sub(\delta_2 < \mathrm{ln}ipr_{it} < \delta_1)$	− 0.0165	− 2.2978 **
$rd \times sub(\mathrm{ln}ipr_{it} > \delta_1)$	− 0.0039	− 8.1423 ***
ln_asset	0.0310	1.6766 *
lev	− 0.0508	− 3.2116 ***
roe	0.3709	23.4695 ***
age	− 0.4055	− 7.5225 ***
pro	− 0.5634	− 30.9144 ***
st	− 0.1075	− 5.2898 ***
shold	− 0.0741	− 3.1276 ***
cap	− 0.0242	− 2.1525 **
F-stat & Prob	33.9685 ***	[103，2996，1892]

注：括号中的数据为标准误，＊、＊＊和＊＊＊分别表示 p < 0.1、p < 0.05 和 p < 0.01，即在 10%、5% 和 1% 水平上显著。

将知识产权保护力度（*ipr*）作为门槛变量时，在财政扶持下企业研发投资影响企业绩效的过程确实存在结构性突变，外部环境因素不同时，财政扶持下企业研发投资影响企业绩效的过程是非线性的，与前文的验证一致。这说明地区间知识产权保护力度的差异，确实会改变企业绩效以及财政扶持与企业研发投资对企业绩效的激励（或抑制）效应，也就是说企业所处地区对知识产权保护力度确实将成为影响企业研发投资价值创造的外部环境因素。

当知识产权保护力度（*ipr*）作为门槛变量时，财政扶持下的企业研发投资对企业绩效影响过程的结构性突变点分别是 9.5278 和 13.3027，两个突变点将该过程划分为三个阶段，随着知识产权保护力度的增长，三个阶段企业研发投资系数 β_1、β_2、β_3 分别分别为 0.0787、− 0.0032、0.036，且均通过显著性检验，从原始数据看样本基本跨越第一个突变点，多数处在第二阶段和第三阶段，说明随着知识产权保护力度的增强，研发投资对企业绩效的影响呈现"U"型，与前文的结论一致。值得注意的是，三个阶段财政扶持与企业研发投资强度交叉项的系数 β_4、β_5、β_6 均为负，且均通过显著性检验，说明财政扶持下企业研发投资对企业绩效的影响表现出挤出效应，然而随着知识产权保护力度的不断提升，$ru \times sub$ 交互项的系数逐渐变小。这说明知识产权保护力度的改善能够有效减缓财政扶持对企业研发投资的挤出效应，至此验证了假设 7.1。

究其原因，发展战略性新兴产业的企业，创新技术是企业生存的核心竞争力，多数传统生产制造企业的技术水平和创新研发能力相较之前存在一定差距，通常依靠模仿和复制进行技术提升。薄弱的知识产权保护制度使得这些传统企业不需要付出高昂代价就可以"拿来"技术和产品进行仿制和生产，高昂的研发成本和较长的研发周期使得进行自主研发的企业失去竞争力，消减企业的研发动力。随着知识产权保护增强，模仿成本会显著提高，企业不能再廉价地学习别人的创新知识和技术，而是必须付出更高代价甚至丧失模仿机会。由此，进行研发投资的企业的研发成果得以保护，增加了研发投资的积极性，而原先态度消极的企业则因模仿成本增加而收益减少，使一些企业不得不考虑自主研发或转型。由此可见，完善的知识产权保护制度对促进企业研发投资是十分必要的，不仅可以减缓财政扶持对企业研发投资的挤出效应，还可以催化财政扶持对企业研发投资的激励效应。

7.3.6 不同金融发展程度下的实证结果分析

由表 7-8 可知两个门槛变量的门槛估计值，从置信区间来看，各个门槛估计值均在 95% 的置信区间，比较真实可靠。可以看出，当金融发展水平落在双重门槛值时对应的 LR 值函数发生了结构性突变。由此可见，地区金融发展作为外部环境因素确实对财政扶持下的研发投资价值创造产生了非线性的影响。

表7-8　　　　　**金融发展程度门槛估计值与95%水平置信区间**

门槛变量	企业绩效	
	估计值	95%的置信区间
门槛1	3.7835	[3.7821，3.7835]
门槛2	12.5275	[12.5261，12.5275]

　　基于表7-8的门槛估计值，进而对模型中的变量系数进行估计，可以得到表7-9所示的结果。以金融发展程度（*fin*）的对数为门槛变量的门槛值与95%水平置信区间的估计结果如表7-9所示。

表7-9　　　　　**金融发展程度门槛面板模型的系数估计结果**

变量	企业绩效	
	系数（Coef.）	T值（T_{white}）
$rd(\ln fin_{it} < \delta_2)$	0.0223	1.2111
$rd(\delta_2 < \ln fin_{it} < \delta_1)$	-0.0505	-3.1983***
$rd(\ln fin_{it} > \delta_1)$	0.3807	24.0894***
$rd \times sub(\ln fin_{it} < \delta_2)$	-0.4296	-8.3031***
$rd \times sub(\delta_2 < \ln fin_{it} < \delta_1)$	-0.5728	-31.4912***
$rd \times sub(\ln fin_{it} > \delta_1)$	-0.1049	-5.1480***
ln_asset	-0.0229	-2.0424**
lev	-0.0603	-2.7537***
roe	0.0041	3.6635***
age	0.0038	0.2443
pro	0.0023	3.2557***
st	0.0056	2.8793***
shold	0.0361	3.1225***
cap	0.0012	3.1632***
F-stat & Prob	34.2903***	[456，1204，3331]

　　注：括号中的数据为标准误，*、**和***分别表示p<0.1、p<0.05和p<0.01，即在10%、5%和1%水平上显著。

  将地区金融发展程度（fin）作为门槛变量时，财政扶持下的企业研发投资价值创造确实存在结构性突变，外部环境因素不同时，财政扶持与企业研发投资对企业绩效结果的影响是非线性的，与前文的验证一致。这说明地区间金融发展程度的差异，确实会改变企业绩效以及财政扶持与企业研发投资对企业绩效的激励（或抑制）效应，也就是说企业所处地区金融发展程度确实是影响企业研发投资价值创造的外部环境因素。

  随着地区金融发展程度的逐渐提升，财政扶持对企业研发投资的综合效应会发生结构性突变，财政扶持对企业研发投资的综合影响呈现显著的非线性关系，存在门槛效应。其结构性突变点为 3.7835 和 12.5275，两个突变点均将该过程划分为三个阶段，随着金融发展水平的增长，企业研发投资系数 β_1、β_2、β_3 分别为 0.0223、−0.0505、0.3807，除第一阶段对企业绩效的回归系数尚未通过显著性检验外，其他均通过显著性检验，从原始数据看在对企业绩效的讨论中基本跨越第一个突变点，多数处在第二和第三阶段，说明随着金融发展水平的增强，研发投资对企业绩效的影响呈现"U"型，与前文的结论一致。值得注意的是，三个阶段财政扶持与企业研发投资强度交叉项的系数 β_4、β_5、β_6 均为负，且均通过显著性检验，说明财政扶持对样本企业研发投资价值创造表现出挤出效应。然而随着金融发展程度不断提升，财政扶持率与企业研发投资强度交叉项的系数逐渐变小，这说明良好的金融环境能够有效减缓财政扶持对企业研发投资的挤出效应。至此验证了假设 7.2。可见，当地区金融发展水平较低时，企业外部融资约束较大，企业接受扶持后实际研发动力不足，财政扶持对企业研发投资主要表现为挤出效应，随着金融发展水平不断增强，不仅用于企业长期发展的融资渠道被拓宽，信息披露等制度的完善使得接受扶持的企业用于研发的内部动力和外部监督都相应增强。

  综合以上的门槛回归结果可知，随着知识产权保护力度以及金融发展程度的改变，财政扶持对企业研发投资价值创造的影响并非简单的线性关系，而是出现结构性突变。两个门槛值将样本区间划分成了三个区间段，$rd \times sub$

交互项系数在不同区间段有所不同，说明存在门槛效应和最佳的知识产权保护力度以及金融发展程度区间。外部环境因素对财政扶持的企业研发投资效应存在调节作用，良好的外部环境能够促进财政扶持对于企业研发投资的激励效应，并一定程度减缓财政扶持对企业研发投资的挤出效应。

第8章 结论与展望

8.1 研究结论与政策建议

加大企业研发投资力度，深化及提高自主创新能力，发挥财政扶持的引导作用是实现战略性新兴产业持续健康发展的重要举措。我国战略性新兴产业研发投资总额呈逐年增长趋势，但研发强度仍具有不稳定性，九大类战略性新兴产业研发投资表现出严重的行业分布与地区分布不均衡的特征。2009~2017年，我国研发经费投入逐年保持增长态势，年均增长率为33.61%。虽然整体上研发费用总额呈逐年增长趋势，但研发强度仍具有不稳定性，同时企业研发经费仅占1.23%，与发达国家的2%依旧存在很大悬殊。九大类战略性新兴产业对研发投资严重不均衡。新一代电子信息技术、新能源汽车与高端装备制造业在投入规模上占据领先地位，年均投入占比分别高达38.75%、20.78%、18.18%，明显存在分行业高度集中的现象。而新材料和生物产业研发投资占比为2.93%和2.48%，明显低于战略性新兴产业平均水平。同时地区分布也不均衡，战略性新兴企业主要集中在发达地区、东部沿海地区，经济发达地区在产业基础上占据优势，且拥有雄厚的资金实力，人力资源广泛，具有一定区位竞争优势；而中部和西部城市在资金、资源、人才方面都相对薄弱。可见，各地区各产业的研发投资强度仍有很大提高空间。

为丰富和完善财政扶持对企业研发投资行为及绩效的影响研究，本书基于我国战略性新兴产业2009~2017年的面板数据，通过博弈理论刻画财政扶持影响企业投资行为的过程，分析财政扶持影响企业研发投资行为选择的基本原理和影响因素。同时提出研究假设并进行实证分析，以期为财政扶持影响企业研发投资行为决策建模提供理论基础和实践论证。在把握中国融资约束、知识外溢与研发投资特征的基础上，建立金融发展程度、知识产权保护力度等外部因素对财政扶持下企业研发投资影响企业绩效的理论框架，挖掘其中规律性联系。实证结果表明：

第一，企业研发投资对当期企业绩效的影响不显著，存在滞后性。企业研发投资通过信号传递效应迅速体现为当期价值的提升，但是研发投资的成果转化具有滞后性，其绩效的体现在滞后二期较为显著。企业研发投资作为一种强烈的信号，尤其对于战略转型的企业研发，往往在研发投入初期向投资者传递强烈的利好信息，但由于研发的不确定性造成投资者对研发投资的低估，从而造成企业当期财务绩效的下降。然而企业研发投资的长周期导致从研发投资到拥有稳定的市场表现是一个较长的过程，当新产品研发成功并获得一定的专利认可或者市场宣传，投资者将意识到该公司新产品落地前的最佳投资期，因此企业绩效往往被再次提高。分行业看，节能环保、高端装备制造、相关服务业这三种类型的研发投资对企业绩效影响最为显著，在当期研发投资与企业绩效即呈现显著正相关关系；而新材料与新能源汽车这两类企业的研发投资对企业绩效的影响在当期体现为负效应；生物与新一代信息技术型企业研发收效较慢，一般受开发周期限制，当期的研发投入分别在滞后的一期与二期的企业绩效中表现较为明显。

第二，财政扶持对企业研发投资的激励效应（挤出效应）受企业规模、资产负债率、资本密集度、企业年龄、销售净利率、净资产收益率、前十大股东持股比例和科研人员数量等控制变量的影响，且表现出强烈的行业特征、区域特征以及产权性质特征。财政扶持与企业研发投资之间存在显著的非线性关系，不同行业表现各不相同。对于节能环保、新一代信息技术、新材料、相关服务业，当期企业研发投资与财政扶持呈现正 "U" 型关系，而在滞后二期呈现倒 "U" 型关系。新能源、新能源汽车、数字创意这三类行业，当期和滞后期企业研发投资均与财政扶持呈现倒 "U" 型关系；生物产业的企业研发投入与财政扶持的关系更接近于正向的线性关系，而高端装备制造行业的企业研发投资仅在当期与财政扶持呈现正"U"型关系。同时，不同产权性质特征下的表现也不一致；中央国有企业和民营企业当期的企业研发投资与财政扶持之间呈现正"U"型关系，而地方国有企业和其他企业当期的企业研发投资与财政扶持呈现倒"U"型关系；但在滞后期，所有企业的研发投资与财政扶持均会呈现倒"U"型的关系。

第三，财政扶持对企业研发投资影响企业绩效的过程存在显著的中介作用，且不同时期影响不同。财政扶持增加，会降低企业研发成本，推动研发成果的转换，因而财政扶持提高当期企业研发投资对企业绩效的影响。但是，在获得财政扶持后，企业可能会放弃研发周期较长的项目转向盈利更快的项目。这虽然推动了当期研发投资对企业绩效的影响，却会降低滞后期研发投资对企业绩效的影响。在新能源汽车行业，研发投入强度对企业绩效的回归系数为 -2.07，$rd \times sub$ 交互项对企业财务绩效的回归系数为 -7.966，是九大行业中唯一由财政资助的增加，降低了企业研发投资强度对企业财务绩效的影响。除了新能源汽车，其他八类行业的财政扶持可以提高企业研发投资对企业绩效的影响，其中影响最大的就是相关服务业和高端装备制造产业。在数字创意产业，财政扶持提高企业研发投资强度对企业绩效的影响还有一定的滞后性。数字创意产业，企业研发投资对企业绩效的回归系数为 -0.134，$rd \times sub$ 交互项对企业绩效的回归系数为 15.78，虽然财政扶持此时提高了研发投资对企业绩效的影响，但是不显著。$rd \times sub$ 交互项的滞后一期对企业绩效的回归系数为 33.28，并在 5% 的水平上显著，$rd \times sub$ 的滞后二期的回归系数为 42.61，在 1% 的水平上显著。由此可见，财政扶持提高了企业研发投资对企业绩效的影响，该影响具有时滞性，且滞后时间越长，促进效果越明显，这也与数字创意产业的行业特征相关。

从不同地区看，东部地区的中介作用更为显著，但各地区滞后期的影响却不一样。东部和中部地区由于比西部地区经济发达，科研成果转化为经济收益更快，面临的市场机遇多，企业可能会放弃研发周期较长的项目，转向其他更快盈利的项目，从而导致东部和中部地区滞后期财政扶持会显著降低企业研发投资对企业绩效的影响。西部地区由于经济欠发达，科研成果转化较慢，因而往往在滞后期时研发投资会带来经济收益，所以西部地区滞后期内财政扶持会提高研发投资对企业绩效的影响。

第四，考虑外部环境因素，知识产权保护力度（*ipr*）和地区金融发展程度（*fin*）作为门槛变量时，财政扶持与企业研发投资对企业绩效的影响确实存在结构性突变。随着知识产权保护力度以及金融发展程度等外部环境因素的改变，财政扶持对企业研发投资价值创造的激励效应和挤出效应呈现显著的非线性关系，存在双门槛效应。两个突变点均将财政扶持下的企业研发投资价值创造划分为三个阶段，当外部环境因素处于不同的区间段时，财政扶持对研发投资的作用大小甚至作用方向都会不同。$rd \times sub$ 交互项系数均为负，且均通过显著性检验，说明财政扶持对样本企业研发投资价值创造均表现出挤出效应，然而随着外部环境的不断改善，当以知识产权保护力度为门槛时，$rd \times sub$ 交互项系数分别从 -0.4055、-0.3479、-0.5649 逐渐提升至 -0.1075、-0.1297、0.0317。这说明知识产权保护的改善能够有效减缓财政扶持对企业研发投资的挤出效应，可见随着知识产权保护力度不断增强，财政扶持对企业研发投资的激励作用被放大，财政扶持对企业研发投资产生挤出效应被减缓；当以金融发展程度为门槛时，$rd \times sub$ 交互项系数分别从 -0.4296、-0.2061、-0.7305 逐渐提升至 -0.1049、-0.1192、0.0386。这说明地区金融发展程度的提升能够有效减缓财政扶持对企业研发投资的挤出效应，地区金融发展程度较低时，企业外部融资约束较大，企业接受扶持后实际研发动力不足，财政扶持对企业研发投资主要表现为挤出效应。可见，随着金融发展程度不断增强，不仅用于企业长期发展的融资渠道被拓宽，而且信息披露等制度的完善使得接受扶持的企业用于研发的内部动力和外部监督都会增强。

针对战略性新兴产业，基于本书研究结论，我们可以得到如下政策启示：

首先，政府对战略性新兴产业的研发扶持要有针对性。一方面，应该向那些由于新技术或新产品市场需求及成本限制产生收益损失的企业定向发放；另一方面，政府还需要考察企业的发展状态，对不同类别的战略性新兴产业企业制定标准，提高效用至最大化。此外，政府应该不断提高监管效率，控制监督检查费用：一是创立监督企业扶持资金使用情况的职能部门，该部门的从业人员必须对有关政策内容、政府设立这些政策的初衷以及企业的经营活动有充分的了解，从而降低企业隐瞒财政扶持真实用途的检查监督费用；二是增强对创新型产品质量的检测能力或者将检测工作承包给专业的第三方机构，加大政府惩罚的力度，最直接的实现方法是提高政府惩罚金额，该方法对已经获得财政扶持的企业具有极大的威慑效应，能够更好地促进企业按照规定用途把财政扶持投资于研究开发新技术新产品，并且降低政府的最优监督密度。

其次，企业发展战略性新兴产业时，应考虑到地区国家、当地政府对高科技技术、创新型产业的支持力度，充分利用外部环境因素，促进企业加快创新，提高自身科技创新能力，加速转型，扩大企业竞争力和影响力。由于财政扶持对企业研发投资的激励效应存在最佳的知识产权保护力度以及金融发展程度区间，政府应该建立健全制度和法律层面的相关约束，完善知识产权等无形资产的保护力度，激发研发主体研发投资的积极性；同时加快金融系统的市场化改革，扩大金融规模，调整金融结构，提升金融效率，使得金融机构更有效地发挥中介以及资源配置的作用。

最后，大力培育社会对战略性新兴产品的需求。企业不愿意将投资于战略性科技产品的研究开发和生产销售，部分是因为社会对于新兴科技产品的需求量小，企业投资生产无法获得规模经济。政府除了对研发生产企业给予财政扶持之外，还可以向下游企业或消费者提供财政扶持，该措施能够刺激高新科技产品的潜在需求转化为实际需求，从而减少企业的骗补行为。由于财政扶持机制不透明以及资本市场尚不完善，对财政扶持的反应较为迟钝。因而，相关部门应加强对资本市场的监管，减少投资者的投机行为，使股票价格能正确地反映企业发展情况。同时，政府应不断明确扶持对象的筛选标准，为投资者提供更加精确的选择信息。

8.2 研究不足与研究展望

从财政扶持、外部因素和企业绩效本身的视角，理解我国战略性新兴产业研发投资价值创造的作用机制，是一个颇具挑战且富含价值的研究方向。沿着这条思路，本书尝试抓住我国战略性新兴产业融资能力动力不足、亟须政府干预这一现实问题，并作为本书的切入点，希望为理解我国战略性新兴产业发展，增加新的理论洞见与经验支撑。本书的局限性和未来研究的可能方向，主要包括以下方面：

第一，在考虑政府惩罚时，由于数据获取的限制，仅仅能收集到该企业是否被政府进行惩罚，而不能得到该企业被惩罚的程度。同时，政府实施监管和进行检查的成本也很难估计，所以在实证模型计算中往往需要忽略这一部分。若能够将政府的行为定量化，将会使模型的结果更加完整。

第二，影响企业研发投资和财政扶持的外部因素有很多，包括产业结构、市场化程度等，囿于篇幅和数据获取的现实，本书仅仅考虑了较为重要的金融发展程度和知识产权保护力度两个外部因素。在接下来的研究中，笔者将致力于更多的外部影响因素。

第三，财政扶持和企业研发投资对不同类型、不同地区战略性新兴产业的影响不同，需要分产业、分地区进行更为细致地讨论。本书在分行业方面进行了一些实证分析，但是发现很多结果并不显著，分析原因可能是由于将战略性新兴产业划分为九大类后数据的样本量变少，数据质量下降，导致结果不是很理想。

参 考 文 献

[1] 安同良，周绍东，皮建才. R&D补贴对中国企业自主创新的激励效应 [J]. 经济研究, 2009, 44 (10): 87–98, 120.

[2] 白恩来，赵玉林. 战略性新兴产业发展的政策支持机制研究 [J]. 科学学研究, 2018, 36 (3): 425–434.

[3] 白贵玉，徐向艺，徐鹏. 企业规模、动态竞争行为与企业绩效——基于高科技民营上市公司面板数据 [J]. 经济管理, 2015, 37 (7): 54–63.

[4] 曹献飞. 政府补贴与企业研发投资——基于倾向评分匹配倍差法的经验研究 [J]. 经济问题探索, 2014 (9): 160–166.

[5] 陈凯华，官建成，寇明婷. 中国高技术产业"高产出、低效益"的症结与对策研究——基于技术创新效率角度的探索 [J]. 管理评论, 2012, 24 (4): 55–68.

[6] 陈抗，郁明华. 基于技术融合的企业研发勾结研究 [J]. 中国管理科学, 2007 (1): 142–148.

[7] 陈霞. 高管激励、研发投入与企业绩效调节效应实证分析 [J]. 统计与决策, 2017 (1): 178–181.

[8] 陈修德，梁彤缨，雷鹏，秦全德. 高管薪酬激励对企业研发效率的影响效应研究 [J]. 科研管理, 2015, 36 (9): 26–35.

[9] 陈衍泰，李欠强，王丽，吴哲. 中国企业海外研发投资区位选择的影响因素——基于东道国制度质量的调节作用 [J]. 科研管理, 2016, 37 (3): 73–80.

[10] 陈艳利，赵红云，戴静静．政府干预、产权性质与企业脱困 [J]．经济学动态，2015（7）：80 - 90.

[11] 成力为，李翘楚．企业研发投入结构特征与经济增长模式——基于中国与主要国家企业研发数据的比较 [J]．科学学研究，2017，35（5）：700 - 708.

[12] 戴小勇，成力为．财政补贴政策对企业研发投入的门槛效应 [J]．科研管理，2014，35（6）：68 - 76.

[13] 戴小勇，成力为．研发投入强度对企业绩效影响的门槛效应研究 [J]．科学学研究，2013，31（11）：708 - 1716，1735.

[14] 邓菁，肖兴志．高新技术产业高质量发展的财政扶持策略研究 [J]．经济与管理研究，2019，40（11）：96 - 111.

[15] 范红忠．有效需求规模假说、研发投入与国家自主创新能力 [J]．经济研究，2007（3）：33 - 44.

[16] 封伟毅，李建华，赵树宽．技术创新对高技术产业竞争力的影响——基于中国 1995 - 2010 年数据的实证分析 [J]．中国软科学，2012（9）：154 - 164.

[17] 傅利平，周小明，罗月丰．知识溢出与产学研合作创新网络的耦合机制研究 [J]．科学学研究，2013，31（10）：1541 - 1547.

[18] 高扬志，冉茂盛．民营企业腐败对研发投入的影响研究——基于中小板上市公司的经验证据 [J]．中国管理科学，2017，25（3）：59 - 67.

[19] 巩娜．高管薪酬差距、控股股东与民营上市公司绩效关系实证分析 [J]．中央财经大学学报，2015（7）：64 73.

[20] 郭黎，张爱华，乐洋冰．智力资本、研发投入与企业绩效的实证分析 [J]．统计与决策，2016（19）：186 - 188.

[21] 何展翔．我国融资担保制度缺陷问题研究 [D]．暨南大学硕士学位论文，2016.

[22] 胡小毅．强化财政扶持中小企业发展的政策研究 [D]．西南财经

大学硕士学位论文，2009.

[23] 黄艺翔，姚铮. 风险投资对上市公司研发投入的影响——基于政府专项研发补助的视角 [J]. 科学学研究，2015，33（5）：674 –682，733.

[24] 金刚，于斌斌，沈坤荣. 中国研发全要素生产率的溢出效应 [J]. 科研管理，2016，37（1）：68 –76.

[25] 康志勇. 融资约束、政府支持与中国本土企业研发投入 [J]. 南开管理评论，2013，16（5）：61 –70.

[26] 孔东民，庞立让. 研发投入对生产率提升的滞后效应：来自工业企业的微观证据 [J]. 产业经济研究，2014（6）：69 –80，90.

[27] 李苗苗，肖洪钧，赵爽. 金融发展、技术创新与经济增长的关系研究——基于中国的省市面板数据 [J]. 中国管理科学，2015，23（2）：162 –169.

[28] 李平，刘利利. 政府研发资助、企业研发投入与中国创新效率 [J]. 科研管理，2017，38（1）：21 –29.

[29] 李诗，洪涛，吴超鹏. 上市公司专利对公司价值的影响——基于知识产权保护视角 [J]. 南开管理评论，2012，15（6）：4 –13，24.

[30] 李诗田，邱伟年. 政治关联、制度环境与企业研发支出 [J]. 科研管理，2015，36（4）：56 –64.

[31] 李伟，余翔，蔡立胜. 政府科技投入、知识产权保护与企业研发投入 [J]. 科学学研究，2016，34（3）：357 –365.

[32] 李雪婷，宋常，郭雪萌. 碳信息披露与企业价值相关性研究 [J]. 管理评论，2017，29（12）：175 –184.

[33] 李永，王砚萍，马宇. 制度约束下政府 R&D 资助挤出效应与创新效率 [J]. 科研管理，2015（10）：58 –65.

[34] 李智彩，范英杰，赵丽丽. 社会责任、公司治理与财务绩效关系研究——以制造业上市公司为例 [J]. 中国注册会计师，2015（5）：58 –65.

[35] 李仲飞，杨亭亭. 专利质量对公司投资价值的作用及影响机制

[J]．管理学报，2015，12（8）：1230－1239．

［36］刘行，叶康涛．金融发展、产权与企业税负［J］．管理世界，2014（3）：41－52．

［37］刘振．CEO年薪报酬、研发投资强度与公司财务绩效［J］．科研管理，2014，35（12）：129－136．

［38］柳卸林，高雨辰，丁雪辰．寻找创新驱动发展的新理论思维——基于新熊彼特增长理论的思考［J］．管理世界，2017（12）：8－19．

［39］柳卸林，贾蓉．北京地区科学技术成果在中国的扩散模式——从技术市场的角度看［J］．科学学与科学技术管理，2007（12）：32－38．

［40］逯元堂．中央财政环境保护预算支出政策优化研究［D］．财政部财政科学研究所博士学位论文，2011．

［41］吕久琴，郁丹丹．政府科研创新补助与企业研发投入：挤出、替代还是激励？［J］．会计研究，2011，8：21－28．

［42］马红，王元月．融资约束、政府补贴和公司成长性——基于我国战略性新兴产业的实证研究［J］．中国管理科学，2015，23（S1）：630－636．

［43］欧阳峣，易先忠，生延超．技术差距、资源分配与后发大国经济增长方式转换［J］．中国工业经济，2012（6）：18－30．

［44］蒲文燕，张洪辉．基于融资风险的现金持有与企业技术创新投入的关系研究［J］．中国管理科学，2016，24（5）：38－45．

［45］屈文洲，谢雅璐，叶玉妹．信息不对称、融资约束与投资－现金流敏感性——基于市场微观结构理论的实证研究［J］．经济研究，2011，46（6）：105－117．

［46］沈红波，寇宏，张川．金融发展、融资约束与企业投资的实证研究［J］．中国工业经济，2010（6）：55－64．

［47］沈能，赵增耀．空间异质性假定下OFDI逆向技术溢出的门槛效应［J］．科研管理，2013，34（12）：1－7．

［48］石天唯，安亚人．信息不对称下中小企业关系型融资信息传递机制

研究 [J]. 情报科学，2016，34（1）：150 - 154.

　　[49] 石晓等. 非合作博弈两阶段生产系统 DEA 并购效率评价 [J]. 中国管理科学，2015，23（7）：60 - 67.

　　[50] 水会莉，韩庆兰，杨洁辉. 政府压力、税收激励与企业研发投入 [J]. 科学学研究，2015，33（12）：1828 - 1838.

　　[51] 孙晓华，刘小玲，王昀，白郁婷."是否研发"与"投入多少"：兼论企业研发投资的两阶段决策 [J]. 管理工程学报，2017，31（4）：85 - 92.

　　[52] 汤二子，王瑞东，刘海洋. 研发对企业盈利决定机制的研究——基于异质性生产率角度的分析 [J]. 科学学研究，2012，30（1）：124 - 133.

　　[53] 佟爱琴，陈蔚. 政府补贴对企业研发投入影响的实证研究——基于中小板民营上市公司政治联系的新视角 [J]. 科学学研究，2016，34（7）：1044 - 1053.

　　[54] 王刚刚，谢富纪，贾友. R&D 补贴政策激励机制的重新审视——基于外部融资激励机制的考察 [J]. 中国工业经济，2017（2）：60 - 78.

　　[55] 王克敏，杨国超，刘静，李晓溪. IPO 资源争夺、政府补助与公司业绩研究 [J]. 管理世界，2015（9）：147 - 157.

　　[56] 王旭. 债权治理、创新激励二元性与企业创新绩效—关系型债权人视角下的实证检验 [J]. 科研管理，2017，38（3）：1 - 10.

　　[57] 王燕妮，李爽. 基于自由现金流的高管激励与研发投入关系研究 [J]. 科学学与科学技术管理，2013，34（4）：143 - 149.

　　[58] 文豪. 市场特征、知识产权与技术创新：基于产业差异的分析 [J]. 管理世界，2009（9）：172 - 173.

　　[59] 吴剑峰，杨震宁. 政府补助、两权分离与企业技术创新 [J]. 科研管理，2014，35（12）：1 - 6.

　　[60] 吴祖光，万迪昉，吴卫华. 税收对企业研发投入的影响：挤出效应与避税激励——来自中国创业板上市公司的经验证据 [J]. 研究与发展管理，2013，25（5）：1 - 11.

[61] 武咸云, 陈艳, 李秀兰, 李作奎. 战略性新兴产业研发投入、政府补助与企业价值 [J]. 科研管理, 2017, 38 (9): 30 – 34.

[62] 武咸云, 陈艳, 杨卫华. 战略性新兴产业的政府补贴与企业 R&D 投入 [J]. 科研管理, 2016, 37 (5): 19 – 23.

[63] 武咸云. 政府补助、研发投资与企业绩效——来自战略性新兴产业的经验证据 [D]. 东北财经大学博士学位论文, 2019.

[64] 肖文, 林高榜. 政府支持、研发管理与技术创新效率——基于中国工业行业的实证分析 [J]. 管理世界, 2014 (4): 71 – 80.

[65] 解维敏, 唐清泉, 陆姗姗. 政府 R&D 资助, 企业 R&D 支出与资助创新——来自中国上市公司的经验证据 [J]. 金融研究, 2009 (6): 86 – 99.

[66] 解维敏, 魏化倩. 市场竞争、组织冗余与企业研发投入 [J]. 中国软科学, 2016 (8): 102 – 111.

[67] 解学梅, 戴智华, 刘丝雨. 高新技术企业科技研发投入与新产品创新绩效——基于面板数据的比较研究 [J]. 工业工程与管理, 2013, 18 (3): 92 – 96.

[68] 熊和平, 杨伊君, 周靓. 政府补助对不同生命周期企业 R&D 的影响 [J]. 科学学与科学技术管理, 2016, 37 (9): 3 – 15.

[69] 许罡, 朱卫东. 金融化方式、市场竞争与研发投资挤占——来自非金融上市公司的经验证据 [J]. 科学学研究, 2017, 35 (5): 709 – 719, 728.

[70] 薛澜, 沈群红, 王书贵. 全球化战略下跨国公司在华研发投资布局——基于跨国公司在华独立研发机构行业分布差异的实证分析 [J]. 管理世界, 2002 (3): 33 – 42.

[71] 杨高举, 黄先海. 内部动力与后发国分工地位升级——来自中国高技术产业的证据 [J]. 中国社会科学, 2013 (2): 25 – 45, 204.

[72] 杨国超, 刘静, 廉鹏, 芮萌. 减税激励、研发操纵与研发绩效 [J]. 经济研究, 2017 (8): 110 – 124.

［73］杨向阳，童馨乐．政府支持对 KIBS 企业研发投入的影响研究［J］．科研管理，2014，35（12）：46－53.

［74］于蔚，汪淼军，金祥荣．政治关联和融资约束：信息效应与资源效应［J］．经济研究，2012（9）：125－139.

［75］余明桂，回雅甫，潘红波．政治联系、寻租与地方政府财政补贴有效性［J］．经济研究，2010，45（3）：65－77.

［76］余伟婷，蒋伏心．公共研发投资对企业研发投入杠杆作用的研究［J］．科学学研究，2017，35（1）：85－92.

［77］翟淑萍，毕晓方．高管持股、政府资助与高新技术企业研发投资——兼议股权结构的治理效应［J］．科学学研究，2016，34（9）：1371－1380.

［78］张柏杨．市场结构、经济福利与反垄断政策——以中国工业行业为例［J］．经济评论，2015（5）：48－58.

［79］张彩江，陈璐．政府对企业创新的补助是越多越好吗？［J］．科学学与科学技术管理，2016，37（11）：11－19.

［80］张杰，芦哲．知识产权保护、研发投入与企业利润［J］．中国人民大学学报，2012，26（5）：88－98.

［81］张来武．论创新驱动发展［J］．中国软科学，2013（1）：1－5.

［82］张奇峰，戴佳君，樊飞．政治联系、隐性激励与企业价值——以民营企业在职消费为例［J］．会计与经济研究，2017，31（3）：56－71.

［83］张延禄，杨乃定．基于组织－任务网络的研发项目工期风险分析——以组织失效为风险因素［J］．中国管理科学，2015，23（2）：99－107.

［84］张瑜等．基于优化 Shapley 值的产学研网络型合作利益协调机制研究——以产业技术创新战略联盟为例［J］．中国管理科学，2016，24（9）：36－44.

［85］张玉臣，杜千卉．高新技术企业研发投入失效现象及成因分析［J］．科研管理，2017，38（S1）：309－316.

[86] 张玉明，李荣，闵亦杰. 企业创新文化真实地驱动了研发投资吗？[J]. 科学学研究，2016，34（9）：1417 –1425.

[87] 赵锦春，谢建国. 收入分配不平等、有效需求与创新研发投入——基于中国省际面板数据的实证分析 [J]. 山西财经大学学报，2013，35（11）：1 –12.

[88] 钟祖昌. 研发投入及其溢出效应对省区经济增长的影响 [J]. 科研管理，2013，34（5）：64 –72.

[89] 周宏，林晚发，李国平. 信息不确定、信息不对称与债券信用利差 [J]. 统计研究，2014，31（5）：66 –72.

[90] 周铭山，张倩倩，杨丹. 创业板上市公司创新投入与市场表现：基于公司内外部的视角 [J]. 经济研究 2017，52（11）：135 –149.

[91] 周亚虹，蒲余路，陈诗一，方芳. 政府扶持与新型产业发展——以新能源为例 [J]. 经济研究，2015，50（6）：147 –161.

[92] 周亚虹，许玲丽. 民营企业 R&D 投入对企业业绩的影响——对浙江省桐乡市民营企业的实证研究 [J]. 财经研究，2007（7）：102 –112.

[93] 周艳，曾静. 企业 R&D 投入与企业价值相关关系实证研究——基于沪深两市上市公司的数据挖掘 [J]. 科学学与科学技术管理，2011，32（1）：146 –151.

[94] 周中胜，罗正英，段姝. 网络嵌入、信息共享与中小企业信贷融资 [J]. 中国软科学，2015（5）：119 –128.

[95] 朱乃平，朱丽，孔玉生，沈阳. 技术创新投入、社会责任承担对财务绩效的协同影响研究 [J]. 会计研究，2014（2）：57 63，95.

[96] 朱焱，张孟昌. 企业管理团队人力资本、研发投入与企业绩效的实证研究 [J]. 会计研究，2013（11）：45 –52，96.

[97] 庄佳林. 支持我国中小企业发展的财政政策研究 [D]. 财政部财政科学研究所博士学位论文，2011.

[98] 宗庆庆，黄娅娜，钟鸿钧. 行业异质性、知识产权保护与企业研发

投入 [J]. 产业经济研究, 2015 (2): 47 - 57.

[99] 邹国平, 刘洪德, 王广益. 我国国有企业规模与研发强度相关性研究 [J]. 管理评论, 2015 (12): 171 - 179.

[100] Aboody D, Kasznik R. CEO Stock Option Awards and the Timing of Corporate Voluntary Disclosures [J]. Journal of Accounting & Economics, 2000, 29 (1): 73 - 100.

[101] Akerlof G. The Market for Lemons: Quality Uncertainty and the Market Mechanism. [J] Quarterly Journal of Economics, 1970 (84): 488 - 500.

[102] Alecke B, Mitze T, Reinkowski J, et al. Does Firm Size Make a Difference? Analysing the Effectiveness of R&D Subsidies in East Germany [J]. German Economic Review, 2012, 13 (2): 174 - 195.

[103] Alvarado-Vargas M J, Callaway S K, Ariss S. Explaining Innovation Outputs by Different Types of R&D Inputs: Evidence from U. S. Universities [J]. Journal of Strategy & Management, 2017, 10 (1): 326 - 341.

[104] Anandarajan A, Chin C, Chi H, et al. The Effect of Innovative Activity on Firm Performance: The Experience of Taiwan [J]. Advances in Accounting, 2007, 23: 1 - 30.

[105] Antonelli C, Crespi F. The "Matthew effect" in R&D Public Subsidies: The Italian Evidence [J]. Technological Forecasting & Social Change, 2013, 80 (8): 1523 - 1534.

[106] Anwar S, Sun S. Foreign Entry and Firm R&D: Evidence from Chinese Manufacturing Industries [J]. R&D Management, 2013, 43 (4): 303 - 317.

[107] Arash Azadegan, Stuart Napshin, Adegoke Oke. The Influence of R&D Partnerships on Innovation in Manufacturing Firms: The Moderating Role of Institutional Attachment [J]. International Journal of Operations & Production Management, 2013, 33: 248 - 274.

[108] Arqué-Castells P, Mohnen P. Costs S. Extensive R&D Subsidies and

Permanent Inducement Effects [J]. Journal of Industrial Economics, 2015, 63 (3): 458 – 494.

[109] Arrow K. Economic Welfare and the Allocation of Resources for Invention [M]. Macmillan Education UK, 1972: 609 – 626.

[110] Balkin D B, Markman G D, Gomez-Mejia L R. Is CEO Pay in High-Technology Firms Related to Innovation? [J]. Academy of Management Journal, 2000, 43 (6): 1118 – 1129.

[111] Bashar Sami El-Khasawneh. Challenges and Remedies of Manufacturing Enterprises in Developing Countries: Jordan as A Case Study [J]. Journal of Manufacturing Technology Management, 2012, 23: 328 – 350.

[112] Becker B. Public R&D Policies and Private R&D Investment: A Survey of the Empirical Evidence [J]. Journal of Economic Surveys, 2015, 29 (5): 917 – 942.

[113] Blank, David M, George J, et al. The Demand and Supply of Scientific Personnel [J]. National Bureau of Economic Research, 1957: 24 – 31.

[114] Blazenko G, Yeung W H. Does R&D Create or Resolve Uncertainty? [J]. Journal of Risk Finance, 2015, 16 (5): 536 – 553.

[115] Broström A, Giertz E. Service Development Accounts for An Even Smaller Share of European R&D Investments Than We May Think [J]. Journal of Technology Transfer, 2017 (1/2): 1 – 12.

[116] Buigues P A. A Driver in Every Car: When the Auto Industry Says Jump, Do Governments Say "How High?" [J]. Journal of Business Strategy, 2017, 38 (4): 3 – 10.

[117] Cai D, Yang Z, Jiang W, et al. The Empirical Evidence of the Effect on the Enterprises R&D from Government Subsidies, Political Connections and Rent-Seeking [M]. 2017, Springer, 58 – 97.

[118] Carboni O A. The Effect of Public Support on Investment and R&D:

An Empirical Evaluation on European Manufacturing Firms〔J〕. Technological Forecasting & Social Change, 2016, 117.

〔119〕Caviggioli F, Agostini L. R&D Collaboration in the Automotive Innovation Environment: An Analysis of Co-Patenting Activities〔J〕. Management Decision, 2015, 53 (6): 265 – 276.

〔120〕Cerulli G. Modelling and Measuring the Effect of Public Subsidies on Business R&D: A Critical Review of the Econometric Literature〔J〕. Economic Record, 2010, 86 (274): 421 – 449.

〔121〕Chambers D, Jennings R. Excess Returns to R&D Intensive Firms〔J〕. Review of Accounting Studies, 2002 (7): 133 – 158.

〔122〕Chen L. Managerial Incentives, R&D Investments and Cash Flows〔J〕. Managerial Finance, 2017, 11 (2): 898 – 911

〔123〕Chen Y, Vanhaverbeke W, Du J. The Interaction between Internal R&D and Different Types of External Knowledge Sourcing: An Empirical Study of Chinese Innovative Firms〔J〕. R&D Management, 2016, 46 (S3): 1006 – 1023.

〔124〕Cin B C, Kim Y J, Vonortas N S. The Impact of Public R&D Subsidy on Small Firm Productivity: Evidence from Korean SMEs〔J〕. Small Business Economics, 2017, 48 (2): 345 – 360.

〔125〕Costacampi M T, Garciaquevedo J, Martinezros E. What Are the Determinants of Investment in Environmental R&D?〔J〕. Working Papers, 2017.

〔126〕Cotti C, Skidmore M. The Impact of State Government Subsidies and Tax Credits in an Emerging Industry: Ethanol Production 1980 – 2007〔J〕. Southern Economic Journal, 2010, 76 (4): 1076 – 1093.

〔127〕Cozzarin B P. Performance Measures for The Socio-Economic Impact of Government Spending on R&D〔J〕. Scientometrics, 2006, 68 (1): 41 – 71.

〔128〕Czarnitzki D, Lopes-Bento C. Value for Money? New Microeconometric Evidence on Public R&D Grants in Flanders〔J〕. Research Policy, 2013, 42

（1）：76 – 89.

［129］Dai X，Cheng L. The Effect of Public Subsidies on Corporate R&D In-vestment：An Application of The Generalized Propensity Score ［J］. Technological Forecasting & Social Change，2015，90（2）：410 – 419.

［130］Dalziel T，Gentry R J，Bowerman M. An Integrated Agency-Resource Dependence View of the Influence of Directors' Human and Relational Capital on Firms' R&D Spending ［J］. Journal of Management Studies，2011，48（6）：1217 – 1242.

［131］Dinopoulos E，Sener F. New Directions in Schumpeterian Growth The-ory ［J］. Chapters，2007，45（5）：746.

［132］Dinopoulos E. Growth in Open Economies，Schumpeterian Models ［M］. Princeton Encyclopedia of the World Economy，Princeton University Press，2006.

［133］Dinopoulos E，Segerstrom P S. North-South Trade and Economic Growth ［R］. Cepr Discussion Papers，2006（5887）.

［134］Eberhart A，Maxwell W，Siddique A. A Reexamination of the Tradeoff between the Future Benefit and Riskiness of R&D Increases ［J］. Journal of Accounting Research，2008，46（1）：27 – 52.

［135］Ehie I C，Olive K. The Effect of R&D Investment on Firm Value：An Examination of US Manufacturing and Service Industries ［J］. In-ternational Journal of Production Economics，2010（11）：127 – 135.

［136］Engel D，Eckl V，Rothgang M. R&D Funding and Private R&D：Empirical Evidence on The Impact of The Leading-Edge Cluster Competition ［J］. Journal of Technology Transfer，2017（2）：1 – 24.

［137］Falvey R. Competitive and Harmonized R&D Policies for International R&D Alliances Involving Asymmetric Firms ［J］. Review of International Econom-ics，2016，24（2）：302 – 329.

[138] Fazzari S M, Hubbard R G, Petersen B C. Finance Constraints and Corporate Investment [J]. Brookings Papers on Economic Activity, 1988, 1: 141 – 206.

[139] Felipa de Mello-Sampayo, Sofia de Sousa-Vale, Francisco Camões. Protectionism under R&D Policy: Innovation Rate and Welfare [J]. Orlando Gomes, Journal of Economic Studies, 2012, 39 (1): 106 – 124.

[140] Fornahl D, Broekel T, Boschma R. What Drives Patent Performance of German Biotech Firms? The Impact of R&D Subsidies, Knowledge Networks And Their Location [J]. Papers in Regional Science, 2010, 90 (2): 395 – 418.

[141] Freeman, R E. Strategic Management: A Stakeholder Approach [M]. Cambridge University Press, 1984: 1 – 24.

[142] Gretz R T, Highfill J, Scott R C. R&D Subsidy Games: A Cost Sharing Approach vs. Reward for Performance [J]. Journal of Technology Transfer, 2012, 37 (4): 385 – 403.

[143] Griliches Z. Market value, R&D and patents [J]. Economic Letters, 1981, 7 (2): 183 – 187.

[144] Grimpe C, Kaiser U. Balancing Internal and External Knowledge Acquisition: The Gains and Pains from R&D Outsourcing [J]. Journal of Management Studies, 2010, 47 (8): 1483 – 1509.

[145] Guo B D, Guo Y, Jiang K. Funding Forms, Market Conditions, and Dynamic Effects of Government R&D Subsidies: Evidence from China [J]. Economic Inquiry, 2016: 1 – 16.

[146] Hall B H, Thoma G, Torrisi S. The Market Value of Patents and R&D: Evidence from European Firms [J]. Social Science Electronic Publishing, 2007 (1).

[147] Haruna S, Goel R K. R&D Strategy in International Mixed Duopoly with Research Spillovers [J]. Australian Economic Papers, 2015, 54 (2): 88 – 103.

〔148〕 Hess S, Siegwart R Y. R&D Venture: Proposition of A Technology Transfer Concept for Breakthrough Technologies with R&D Cooperation: A Case Study in The Energy Sector 〔J〕. Journal of Technology Transfer, 2013, 38 (2): 153 – 179.

〔149〕 Hewitt-Dundas N, Roper S. Output Additionality of Public Support for Innovation: Evidence for Irish Manufacturing Plants 〔J〕. European Planning Studies, 2010, 18 (1): 107 – 122.

〔150〕 Hirschey M, Richardson V J. Are Scientific Indicators of Patent Quality Useful to Investors? 〔J〕. Journal of Empirical Finance, 2004, 11 (1): 91 – 107.

〔151〕 Hosseini S M, Akhavan P, Abbasi M. A Knowledge Sharing Approach for R&D Project Team Formation 〔J〕. 2017, 47 (2): 154 – 171.

〔152〕 HsiaoFen H, Liao S L, Su C W, et al. Product Market Competition, R&D Investment Choice, and Real Earnings Management 〔J〕. International Journal of Accounting & Information Management, 2017, 25 (3): 96 – 312.

〔153〕 Hud M, HussingerK. The Impact of R&D Subsidies during the Crisis 〔J〕. Research Policy, 2015, 44 (10): 1844 – 1855.

〔154〕 Hu J L, Yang C H, Chen C P. R&D Efficiency and the National Innovation System: An International Comparison Using the Distance Function Approach 〔J〕. Bulletin of Economic Research, 2014, 66 (1): 55 – 71.

〔155〕 Jaisinghani D. Impact of R&D on Profitability in the Pharma Sector: An Empirical Study from India 〔J〕. Journal of Asia Business Studies, 2016, 10 (2): 194 – 210.

〔156〕 Jay Na Lim. The Government as Marketer of Innovation 〔J〕. Engineering, Construction and Architectural Management, 2014, 21: 551 – 570.

〔157〕 Jin Y, Hu Y, Pray C, et al. Impact of Government Science and Technology Policies with A Focus on Biotechnology Research on Commercial Agricultural Innovation In China 〔J〕. China Agricultural Economic Review, 2017, 9

（3）: 52 – 65.

［158］Johnstone K M, Bedard J C. Audit Firm Portfolio Management Decisions ［J］. Journal of Accounting Research, 2004, 42 (4): 659 – 690.

［159］Jung, Jin C S. The Directions of Domestic ICT Standardization Forum 2017 ［C］. Symposium of the Korean Institute of Communications and Information Sciences. 2017.

［160］Jung K, Andrew S. Building R&D Collaboration between University-Research Institutes and Small Medium-Sized Enterprises ［J］. International Journal of Social Economics, 2014, 41 (12): 1174 – 1193.

［161］Kanwar S. Business Enterprise R&D, Technological Change, and Intellectual Property Protection ［J］. Economics Letters, 2006, 96 (1).

［162］Karaveg C, Thawesaengskulthai N, Chandrachai A. R&D Commercialization Capability Criteria: Implications for Project Selection ［J］. Journal of Management Development, 2016, 35 (3): 304 – 325.

［163］Karimi S M, Basu A. The Effect of Prenatal Exposure to Ramadan on Children's Height ［J］. Economics & Human Biology, 2018, 30: 69 – 83.

［164］Karpaty P, Tingvall P G. Offshoring and Home Country R&D ［J］. Working Paper, 2011, 38 (4): 655 – 676.

［165］Khazabi M, Quyen N V. Competition and Innovation with Horizontal R&D Spillovers ［R］. Mpra Paper, 2017 (134): 1 – 23.

［166］Kirner E, Som O, Jäger A. Innovation Strategies and Patterns of Non-R&D-Performing and Non-R&D-Intensive Firms ［M］. Low-tech Innovation. Springer International Publishing, 2015: 91 – 111.

［167］Klette T J, Jarle M. R&D Investment Responses to R&D Subsidies: A Theoretical Analysis and a Microeconometric Study ［J］. World Review of Science, Technology and Sustainable Development, 2012, (9): 169 – 203.

［168］Lach S. Do R&D Subsidies Stimulate or Displace Private R&D? Evidence from Israel [J]. Journal of Industrial Economics, 2010, 50 (4): 369 – 390.

[169] Lata R, Scherngell T, Brenner T. Observing Integration Processes in European R&D Networks: A Comparative Spatial Interaction Approach Using Project Based R&D Networks and Co-patent Networks [M]. The Geography of Networks and R&D Collaborations. Springer International Publishing, 2013: 903 – 912.

[170] Lerner J. The Government as Venture Capitalist: The Long-Run Impact of the SBIR Program [J]. Journal of Business, 1999, 72 (3): 285 – 318.

[171] Lichtenberg F R. The Effect of the Composition of R&D Spending [J]. Southern Journal of Economics, 1987, (4): 342 – 349.

[172] Lichtenberg F R. The Private R&D Investment Pesponse to Federal Design and Technical Competitions [J]. The Amercian Economic Review, 1988, 78 (3): 55 – 59.

[173] Li X, Wang T. Investor Reaction to R&D Investment: Are New Product Announcements and Development Capacity Missing Links? [J]. International Journal of Innovation Science, 2016, 8 (2): 133 – 147.

[174] Lu Ying. Research on Reverse Technology Spillover Effect of Foreign Direct Investment [C]. Proceedings of 2016 3rd International Conference on Education, Management and Computing Technology (ICEMCT 2016), 2016: 5.

[175] Manolopoulos D. Sources of Funding for Decentralized R&D Activity: Effects of MNE Subsidiaries' Entry Choice and Laboratory Roles [J]. Multinational Business Review, 2014, 22: 34 – 58.

[176] Matsuno K, Zhu Z, Rice M P. The Effects of Marketing-R&D Integration and R&D Strength on Business Growth and Customer Equity: A Corporate Entrepreneurship Study [M]. Springer International Publishing, 2017: 87 – 105.

[177] Mendigorri E M, Valderrama T G, Cornejo V R. Measuring the effectiveness of R&D activities: Empirical Validation of A Scale in the Spanish Pharmaceutical Sector [J]. Management Decision, 2016, 54 (2): 321 – 362.

［178］Midavaine J, Dolfsma W, Aalbers R. Board Diversity and R&D Investment ［J］. Management Decision, 2016, 54 （3）: 558 – 569.

［179］Moreau C, Mertens S. Managers' Competences in Social Enterprises: Which Specificities? ［J］. Social Enterprise Journal, 2013, 9: 164 – 183.

［180］Nicolas B, Alexis V. The Effects Of Regional R&D Subsidies On Innovative SME: Evidence From Aquitaine SMEs ［M］. Cahiers Du Gretha, 2015.

［181］Ortgiese M, Roberts M I. Scaling Limit and Ageing for Branching Random Walk in Pareto Environment ［J］. 2016, 54 （3）: 1291 – 1313.

［182］Park S. Evaluating the Efficiency and Productivity Change within Government Subsidy Recipients of A National Technology Innovation Research and Development Program ［J］. R&D Management, 2014, 45 （5）: 549 – 568.

［183］Patra S K, Krishna V V. Globalization of R&D and Open Innovation: Linkages of Foreign R&D Centers in India ［J］. Journal of Open Innovation Technology Market & Complexity, 2015, 1 （1）: 7.

［184］Peng C L, Wei A P, Chen M L, et al. Synergy between R&D and Advertising on Shareholder Value: Does Firm Size Matter? ［J］. Canadian Journal of Administrative Sciences, 2016, 35 （1）: 47 – 64.

［185］Petti C, Rubini L, Podetti S. Government Support and R&D Investment Effectiveness in Chinese SMEs: A Complex Relationship ［J］. Asian Economic Papers, 2017, 16 （1）: 201 – 226.

［186］Philips, A. Patents, Potential Competition and Technical Progress ［J］. American Economic Review, 1966 （56）: 301 – 310.

［187］Pickernell D, Senyard J, Jones P, et al. New and Young Firms: Entrepreneurship Policy and the Role of Government-Evidence From The Federation of Small Businesses Survey ［J］. Journal of Small Business and Enterprise Development, 2013, 20: 358 – 382.

［188］Quevedo J G, Chávez S A. Assessing the Impact of Public Funds on

Private R&D: A Comparative Analysis Between State and Regional Subsidies [J]. Investigaciones Regionales, 2013 (15): 277 – 294.

[189] Quiroz K. Pharmaceutical Megamergers' Dependence on Existing Products: The Case for R&D in the Pfizer-Allergan Merger [J]. Strategic Direction, 2016, 32 (6): 30 – 32.

[190] Skidmore M, Cotti C, Alm J. The Political Economy of State Government Subsidy Adoption: The Case of Ethanol [J]. Economics & Politics, 2013, 25 (2): 162 – 180.

[191] Sun C H. A Duality Between Cost-Reducing R&D versus Quality-Improving R&D and Welfare Analysis in a Hotelling Model [J]. Atlantic Economic Journal, 2013, 41 (2): 133 – 148.

[192] Sussex J, Feng Y, Mestreferrandiz J, et al. Quantifying the Economic Impact of Government and Charity Funding of Medical Research on Private Research and Development Funding in the United Kingdom [J]. Bmc Medicine, 2016, 14 (1): 32.

[193] Su Y, Su T. Performance Aspiration, Industrial Search and R&D Investment among Chinese Firms: Distinguishing Isomorphism and Differentiation Rationales [J]. Chinese Management Studies, 2017, 11 (2): 270 – 283.

[194] Tahmooresnejad L, Beaudry C, Schiffauerova A. The Role of Public Funding in Nanotechnology Scientific Production: Where Canada Stands In Comparison to The United States [J]. Scientometrics, 2015, 102 (1): 753 – 787.

[195] Takalo T, Tanayama T. Adverse Selection and Financing of Innovation: Is There A Needfor R&D Subsidies? [J] The Journal of Technology Transfer, 2010, 35 (1): 16 – 41.

[196] Taymaz E, Ucdogruk Y. The Demand for Researchers: Does Public R&D Support Make A Difference? [J]. Eurasian Business Review, 2013, 3 (1): 90 – 99.

[197] Tzelepis, Skuras. The Effects of Regional Capital Subsidies on Firm Performance: An Empirical Study [J]. Journal of Small Business and Enterprise Development, 2004 (11): 121 - 129.

[198] Verspagen B. Measuring Intersectoral Technology Spillovers: Estimates from the European and US Patent Office Databases [J]. Economic Systems Research, 1997, 9 (1): 47 - 65.

[199] Wallsten S J. The Effect of Government-industry R&D Programs on Private R&D: The Case of Small Business Innovation Research Program [J]. The Rand Journal of Economics, 2000, 31 (1): 82 - 100

[200] Wang Y C. R&D Policy Involving Consumer-Friendly Strategy: Cooperative and Non-Cooperative R&D [J]. Journal of Industry Competition & Trade, 2015, 16 (2): 1 - 16.

[201] Wang Y, Wang T N, Li X. Does R&D Create Additional Business Value Through IT? [J]. Chinese Management Studies, 2017, 11 (2): 330 - 339.

[202] Watkins T A, Paff L A. Absorptive Capacity and R&D Tax Policy: Are In-House and External Contract R&D Substitutes or Complements? [J]. Small Business Economics, 2009, 33 (2): 207 - 227.

[203] Yang C H, Hayakawa K. Localization and Overseas R&D Activity: The Case of Taiwanese Multinational Enterprises in China [J]. R&D Management, 2014, 45 (2): 181 - 195.

[204] Yoon D. The Regional-Innovation Cluster Policy for R&D Efficiency and the Creative Economy: with Focus on Daedeok Innopolis [J]. 2017, 8 (2): 206 - 226.

[205] Yu Y Y, Ma Z Q, Hu H, Wang Y T. Local Government Policies and Pharmaceutical Clusters in China [J]. Journal of Science and Technology Policy Management, 2014, 5 (1): 41 - 58.

[206] Zeng X T, Huang G H, Li Y P, et al. Development of a Fuzzy-Sto-

chasticprogramming with Green Z-score Criterion Method for Planning Water Resources Systems with a Trading Mechanism [J]. Environmental Science and Pollution Research, 2016, 23 (24): 25245 –25266.

[207] Zúñiga-Vicente J Á, Alonso-Borrego C, Forcadell F J, et al. Assessing the Effect of Public Subsidies on Firm R&D Investment: A Survey [J]. Journal of Economic Surveys, 2014, 28 (1): 36 –67.

[208] Ziss S. Strategic R&D With Spillovers, Collusion and Welfare [J]. The Journal of Industrial Economics, 1994 (8).